O que é Creative Commons?

 Confira as publicações da Coleção FGV de Bolso no fim deste volume.

FGV de Bolso
Série Direito & Sociedade 29

O que é Creative Commons?

Novos modelos de direito autoral em um mundo mais criativo

Sérgio Branco
e Walter Britto

Copyright © Sérgio Branco e Walter Britto

1ª edição — 2013

Impresso no Brasil | Printed in Brazil

Todos os direitos reservados à EDITORA FGV. A reprodução não autorizada desta publicação, no todo ou em parte, constitui violação do copyright (Lei nº 9.610/98).

Os conceitos emitidos neste livro são de inteira responsabilidade do autor.

COORDENADORES DA COLEÇÃO: Marieta de Moraes Ferreira e Renato Franco
COORDENAÇÃO EDITORIAL E COPIDESQUE: Ronald Polito
REVISÃO: Marco Antonio Corrêa e Sandro Gomes dos Santos
DIAGRAMAÇÃO, PROJETO GRÁFICO E CAPA: dudesign

Ficha catalográfica elaborada
pela Biblioteca Mario Henrique Simonsen/FGV

Branco, Sérgio
   O que é Creative Commons? novos modelos de direito autoral em um mundo mais criativo / Sérgio Branco, Walter Britto. - Rio de Janeiro : Editora FGV, 2013.
   176 p. (Coleção FGV de bolso. Direito & Sociedade)

   Inclui bibliografia.

   ISBN: 978-85-225-1374-1

   1. Direitos autorais. 2. Direitos autorais – Licenças. 3. Domínio público (Direitos autorais). I. Branco, Sérgio. II. Britto, Walter. III Fundação Getulio Vargas. IV. Título. V. Série.

CDD – 342.28

Editora FGV
Rua Jornalista Orlando Dantas, 37
22231-010 | Rio de Janeiro, RJ | Brasil
Tels.: 0800-021-7777 | 21-3799-4427
Fax: 21-3799-4430
editora@fgv.br | pedidoseditora@fgv.br
www.fgv.br/editora

Você tem a liberdade de:

Compartilhar
Copiar, distribuir e transmitir a obra.

Remixar
Criar obras derivadas.

Sob as seguintes condições:

Atribuição
Você deve creditar a obra da forma especificada pelo autor ou licenciante (mas não de maneira que sugira que estes concedem qualquer aval a você ou ao seu uso da obra).

Uso não comercial
Você não pode usar esta obra para fins comerciais.

Compartilhamento pela mesma licença
Se você alterar, transformar ou criar em cima desta obra, poderá distribuir a obra resultante apenas sob a mesma licença, ou sob uma licença similar à presente.

Ficando claro que:

Renúncia
Qualquer das condições anteriores pode ser **renunciada** se você obtiver permissão do titular dos direitos autorais.

Domínio Público
Onde a obra ou qualquer de seus elementos estiver em **domínio público** sob o direito aplicável, esta condição não é, de maneira alguma, afetada pela licença.

Outros Direitos
Os seguintes direitos não são, de maneira alguma, afetados pela licença:
- Limitações e exceções aos direitos autorais ou quaisquer **usos livres** aplicáveis;
- Os **direitos morais** do autor;
- Direitos que outras pessoas podem ter sobre a obra ou sobre a utilização da obra, tais como **direitos de imagem** ou privacidade.

Aviso
Para qualquer reutilização ou distribuição, você deve deixar claro a terceiros os termos da licença a que se encontra submetida esta obra. A melhor maneira de fazer isso é com um link para esta página.

Sumário

Prefácio	**9**
Introdução	**19**
Capítulo 1	**23**
Por que criar uma licença pública?	
Acesso a um mundo mais criativo	23
A lei brasileira de direitos autorais	31
Quando a grama do vizinho não é mais verde do que a nossa	45
Uma ideia simples que resolve um problema complexo	53
Capítulo 2	**63**
Como funcionam as licenças Creative Commons?	
O que é o projeto Creative Commons?	63
Os contratos de direitos autorais	79
As diversas modalidades de licença	86
A adaptação das licenças à legislação brasileira	93

Capítulo 3   **131**
Para que servem as licenças Creative Commons?

Milhões de obras licenciadas   131
Onde encontrar obras licenciadas em Creative Commons?   156
Reforma da lei de direitos autorais   163

Referências   **169**

Prefácio

Ronaldo Lemos[1]

Em palestras por todo o Brasil (e mesmo no exterior) sempre me perguntavam: existe algum livro em português tratando especificamente sobre o Creative Commons? A resposta a essa pergunta agora é sim. Antes deste livro, a maior parte das informações sobre o Creative Commons estava especialmente na internet, espalhada por blogs, sites, artigos e vídeos no YouTube (um dos agregadores de informação é, inclusive, o site brasileiro do Creative Commons (www.creativecommons.org.br).

Além disso, o Creative Commons aparece em vasta produção acadêmica, que inclui livros como *Jangada digital*, de Eliane Costa, os meus próprios livros e inúmeras teses de mestrado e doutorado que se debruçaram sobre o projeto.

Apesar dessa fonte imensa de informações, faltava um livro que desse conta de explicar de forma sistematizada os

---

1   Ronaldo Lemos é fundador e coordenador do Centro de Tecnologia e Sociedade da Escola de Direito da Fundação Getulio Vargas no Rio de Janeiro e diretor do projeto Creative Commons no Brasil.

detalhes do projeto Creative Commons. E antes de passar a palavra aos autores do presente livro, Sergio Branco e Walter Britto, que são respectivamente meus colegas de ensino e pesquisa na Fundação Getulio Vargas, vale nesta introdução dar o pontapé inicial na apresentação do Creative Commons e como ele se organiza no Brasil.

O projeto Creative Commons é desenvolvido no Brasil pelo Centro de Tecnologia e Sociedade (CTS),[2] centro de pesquisa avançada que integra a Escola de Direito da Fundação Getulio Vargas no Rio de Janeiro. O projeto no Brasil existe desde 2003, sendo coordenado pelo autor da presente introdução em parceria com os demais integrantes do CTS. Abaixo segue um breve histórico do projeto, bem como um relato de seus desenvolvimentos recentes mais importantes.

O Brasil foi o terceiro país do mundo a se juntar ao projeto Creative Commons, logo após o Japão e a Finlândia. Os motivos pelos quais fomos tão vanguardistas (ou *early adopters*) devem-se a razões acadêmicas e institucionais. Quanto às primeiras, quando estava estudando nos Estados Unidos em 2001-02, acabei trabalhando no Berkman Center for Internet & Society na universidade de Harvard. Com isso surgiram o contato inicial e a colaboração com a instituição onde um dos fundadores do projeto Creative Commons, Lawrence Lessig, havia trabalhado até então, bem como com outros professores de "direito da internet", que já naquele momento dedicavam-se a pensar a questão do direito autoral na era digital, tais como Jonathan Zittrain e Charles Nesson.

As razões institucionais incluem o fato de que naquele mesmo momento era fundada a Escola de Direito da Fundação

---

2 Disponível em: <www.direitorio.fgv.br/cts>.

Getulio Vargas,[3] instituição que desde o início adotou como um de seus temas fundamentais a relação entre direito e tecnologia. Nesse sentido, uma das primeiras atividades que desenvolvi na Escola de Direito da FGV foi a realização de um seminário em parceria com o Berkman Center de Harvard. Esse seminário, chamado I-Law:[4] Internet Law Program, foi realizado em março de 2003 e trouxe ao Brasil, entre outros professores, Lawrence Lessig.

Curiosamente, dois fatos importantes ocorriam naquele momento. Primeiramente, tratava-se do período em que o projeto Creative Commons acabara de ser criado. Em segundo lugar, o presidente Luiz Inácio Lula da Silva havia sido eleito e indicado como ministro da Cultura Gilberto Gil, conhecido por seu interesse e reflexão a respeito da cultura digital. Com isso, naquele seminário em 2003, organizado pela Escola de Direito da FGV em parceria com o Berkman Center de Harvard, foram forjadas as bases para o lançamento do projeto Creative Commons no Brasil.

De um lado, foram celebrados a parceria da Escola de Direito da Fundação Getulio Vargas e o nascente CTS com o projeto Creative Commons. Ao mesmo tempo, o ministro Gilberto Gil deu prosseguimento em seu interesse de apoiar e participar do lançamento do Creative Commons, tanto como artista - licenciando obras de sua autoria para o projeto – quanto institucionalmente como ministro da Cultura, levantando a discussão sobre a questão da propriedade intelectual e dos direitos autorais.

Com isso teve início o intenso trabalho de adaptação das licenças do Creative Commons para o direito brasileiro. Esse

---

3   Disponível em: <www.direitorio.fgv.br>.
4   Disponível em: <http://cyber.law.harvard.edu/ilaw/brazil03/brasil.html>.

trabalho, que teve duração de aproximadamente um ano, contou com participação pública por meio de discussões ocorridas através da lista CC-BR,[5] criada para fomentar o debate jurídico em torno das licenças do projeto. O processo de adaptação das licenças para o contexto brasileiro contou também com o apoio de diversos advogados atuantes na área de propriedade intelectual, tendo ocorrido inclusive rodadas de discussões promovidas pela Associação Brasileira da Propriedade Intelectual (ABPI) a respeito do projeto.

Após esse amplo esforço de adaptação, as licenças do Creative Commons foram formuladas em português de forma totalmente compatível com a lei de direitos autorais brasileira, tornando-se plenas suas condições de aplicação e validade no âmbito do direito do país.

Com isso, o projeto Creative Commons ficou pronto para ser lançado publicamente. O evento de lançamento, hoje visto por muita gente como um marco histórico para o debate sobre tecnologia e cultura no Brasil, aconteceu no 5º Fórum Internacional do Software Livre em Porto Alegre, em junho de 2004, e contou com a presença do ministro da Cultura Gilberto Gil, além de Lawrence Lessig, William Fisher, John Maddog Hall, Luis Nassif, Joaquim Falcão, Marcelo Tas, Cláudio Prado e o autor do presente texto, entre outros. O lançamento foi retratado através de um documentário[6] realizado pelo diretor Danny Passman, que mostra um pouco do entusiasmo que marcou o evento brasileiro e está disponível na internet.

Desde então, a evolução do projeto Creative Commons no país é constante e crescente, abrangendo as mais diversas áreas.

---

5   Disponível em: <http://creativecommons.org/international/br/>.
6   Disponível em: <http://www.archive.org/details/CreativeCommonsCreativeCommonsBrasil>.

Inicialmente, o projeto foi adotado com entusiasmo pela comunidade musical, incentivada pelo exemplo do ministro Gilberto Gil. Diversos artistas foram adeptos pioneiros das licenças, como o rapper Bnegão e a banda Mombojó, havendo hoje uma extensa lista de músicos que se utilizaram das licenças Creative Commons em seu trabalho, desde Lucas Santanna até artistas como o DJ Dolores ou o Projeto Axial, para citar alguns exemplos.

Além disso, o projeto Creative Commons obteve crescente utilização no âmbito governamental, na medida em que se mostrou como opção importante para incentivar o acesso à cultura, à educação e à ampla disseminação de informações públicas.

Nesse sentido, a Radiobrás, órgão de comunicação do governo federal, foi pioneira juntamente com os Ministérios da Cultura e da Educação (por meio do portal www.dominiopublico.gov.br) na utilização das licenças Creative Commons em âmbito governamental. Mais recentemente, o uso das licenças ampliou-se, de modo que o blog oficial da Presidência da República no Brasil é hoje também licenciado através do Creative Commons.[7] A utilização também acontece nos mais diversos ministérios, bem como em sites governamentais que vão do estado do Rio de Janeiro ao município de São Paulo (que licenciou em Creative Commons todos os materiais educacionais por ele produzidos para as escolas públicas do município).

Vale mencionar ainda a importante adoção das licenças do Creative Commons por parte do projeto Scielo[8] (Scientific Electronic Library), uma das mais importantes plataformas

---

7   Disponível em: <http://blog.planalto.gov.br/>.
8   Disponível em: <http://www.scielo.br/>.

de *open publishing* (publicação aberta) no âmbito latino-americano, abrangendo diversas revistas e periódicos acadêmicos do Brasil e da América Latina.

O projeto Creative Commons também foi utilizado em iniciativas como a criação do Overmundo,[9] portal pioneiro da web colaborativa no Brasil, fundado pelo antropólogo Hermano Vianna, com minha participação. O site criou um importante banco de dados colaborativo da cultura brasileira e foi vencedor do Golden Nica, concedido pelo Prix Ars Electronica em 2007, na categoria Digital Communities, um dos principais prêmios de cultura e tecnologia do planeta.

É importante também mencionar a utilização do Creative Commons por parte de projetos inovadores da iniciativa privada. Por exemplo, a Fiat, um dos grandes fabricantes automotivos no Brasil, criou o projeto Fiatmio.cc,[10] que consistiu na iniciativa de se criar colaborativamente um novo carro, valendo-se para isso de uma plataforma baseada nas licenças Creative Commons. O carro foi lançado no dia 25 de outubro de 2010 no Salão do Automóvel em São Paulo.

Esses são apenas alguns exemplos que ilustram a ampla utilização das licenças no âmbito brasileiro, que continua a se expandir, inclusive no âmbito de portais de *crowdfunding*. Vale lembrar que as licenças Creative Commons, como se verá neste livro, são uma excelente ferramenta para promover a cooperação no mundo digital. Não por acaso, são as licenças utilizadas pela Wikipedia, a enciclopédia colaborativa que simboliza o imenso potencial de colaboração possível através da internet.

---

9   Disponível em: <http://www.overmundo.com.br>.
10   Disponível em: <www.fiatmio.cc>.

Desde o lançamento do projeto, o CTS esteve à frente de pelo menos três tipos de atividade com relação ao projeto Creative Commons: a) manutenção jurídica das licenças; b) apoio na implementação de projetos licenciados em Creative Commons; c) representação pública do projeto no Brasil.

No âmbito da manutenção jurídica das licenças, o CTS tem auxiliado na formação da doutrina e da jurisprudência brasileiras sobre o tema, bem como nas práticas de licenciamento envolvendo o Creative Commons. Além disso, o CTS é responsável pelo controle e atualização das versões de licença disponíveis no Brasil, como a migração para as sucessivas versões da licença (atualmente na 3.0).

No âmbito da implementação de projetos licenciados em Creative Commons, o CTS responde dúvidas e questionamentos a respeito da utilização da licença, além de manter o site do Creative Commons Brasil. O CTS atua também na orientação de administradores públicos, tanto nos âmbitos federal e estadual quanto municipal, que desejam iniciar projetos que incluam a utilização das licenças Creative Commons.

Nesse sentido, como mencionado, os integrantes do CTS discutem frequentemente temas relativos à utilização das licenças Creative Commons. Isso acontece, por exemplo, no livro *Direitos autorais na internet e o uso de obras alheias*, do professor Sergio Branco, ou nos livros *Direito, tecnologia e cultura* e *Futuros possíveis: mídia, cultura, sociedade, direitos*, do autor deste prefácio.

No âmbito da representação pública do projeto, o CTS participa com grande frequência de eventos e debates nos quais são abordadas as licenças Creative Commons. Além disso, o CTS foi organizador do iSummit 2006, ocorrido na cidade do Rio de Janeiro. A conferência marcou um momento importante para o projeto, contando com a participação de integrantes do projeto Creative Commons de vários países. Por fim, o CTS organiza periodicamente eventos próprios, de âmbito nacional e internacional, onde as licenças Creative Commons são apresentadas e discutidas.

Um exemplo foi a organização do lançamento das licenças 3.0 no âmbito do evento Campus Party em São Paulo em 2010. Nessa ocasião, houve novamente a visita do professor Lawrence Lessig ao Brasil. Na ocasião, o professor Lessig encontrou-se com a então candidata à presidência da República no Brasil, Dilma Rousseff, e também com Marina Silva, que disputava o pleito naquela ocasião. O encontro entre Lessig e as candidatas foi amplamente documentado pela imprensa local.[11]

Em 2010 teve início o processo de adaptação das licenças 3.0 para o português e novamente para sua total adaptação ao direito brasileiro. Esse projeto foi conduzido e coordenado pelo CTS, contando com o apoio de professores integrantes do centro, como Pedro Mizukami, Marília Maciel, Carlos Affonso Pereira de Sousa e Sérgio Branco, um dos autores do presente livro.

Como as licenças 3.0 apresentaram modificações importantes com relação à versão anterior (2.5), o processo envolveu diversas modificações, feitas por meio de amplos e intensos estudos. Todo o processo de conversão e adaptação das licenças foi amplamente documentado, com a produção de diversos textos comparativos e outros documentos demonstrando as modificações realizadas. Como mencionado acima, as licen-

---

11 Disponível em: <http://info.abril.com.br/noticias/blogs/infoaovivo/2010/01/29/lessig-elogia-brasil-e-exibe-creative-commons-30/, http://www1.folha.uol.com.br/folha/informatica/ult124u686600.shtml>.

O que é Creative Commons?

ças 3.0 foram lançadas no Brasil no dia 29 de janeiro de 2010, no evento Campus Party, promovido em São Paulo.

Assim, o presente livro celebra quase uma década de Creative Commons no Brasil. Foi uma década intensa, em que o avanço da tecnologia sacudiu e continua a sacudir diversos institutos jurídicos, entre eles o recém-revitalizado debate sobre os direitos autorais e o acesso à informação no Brasil. Enquanto o debate não prossegue, as licenças Creative Commons vão demonstrando na prática sua importante aplicação para os mais diversos fins, como o acesso aos recursos educacionais abertos. Um dos movimentos que mais crescem no mundo (e também no Brasil) é aquele que promove os chamados Recursos Educacionais Abertos (REAs). Trata-se da utilização das licenças Creative Commons para tornar amplamente disponíveis materiais didáticos em todos os níveis educacionais e especialmente aqueles que tenham sido financiados com recursos públicos. Os REAs foram, inclusive, reconhecidos e recomendados pela Unesco em 2012 como uma das estratégias mais importantes para a inovação e a ampliação da abrangência do sistema educacional.

Assim, o Creative Commons continua a apontar caminhos de vital importância para se pensar em questões fundamentais que tocam a forma como a sociedade se organiza em tempos de tecnologia digital, bem como outras que possuem impacto direto no modelo e nas aspirações de desenvolvimento do país. E como o presente livro ressalta: o uso das licenças Creative Commons é voluntário. Em outras palavras, todos são convidados a utilizar e experimentar com as licenças. Que sejam bem-vindas!

Introdução

Em dezembro de 2012, o projeto Creative Commons completa 10 anos de sua criação original. Ao fim desta primeira década de existência, mais de 50 países aderiram à iniciativa e mais de 500 milhões de obras foram licenciadas por meio das diversas licenças hoje disponíveis.

Concebido nos Estados Unidos, o objetivo principal do projeto é fornecer instrumentos legais padronizados para facilitar a circulação e o acesso de obras intelectuais tanto na internet quanto fora dela. O Brasil aderiu à iniciativa pioneiramente, tendo sido o terceiro país a adotar as licenças.

O propósito das licenças Creative Commons é resolver um problema prático. O sistema internacional de direitos autorais foi criado a partir do final do século XIX e determina que cada país signatário dos tratados internacionais (na prática, quase todos os países) deverá legislar sobre o tema da maneira que lhe seja mais conveniente, desde que respeitados alguns princípios comuns. Assim, prazos mínimos de proteção, por exemplo, são impostos, impedindo que prazos mais curtos sejam previstos nas leis nacionais. Hoje, às obras musicais – por hipótese – é conferida uma proteção internacional que se estende, pelo menos, por toda a vida de seu autor e por 50 anos adicionais, contados a partir de sua morte.

Ocorre que os países tratam de modo distinto temas bastante corriqueiros, como a possibilidade de reprodução de obras protegidas (mesmo para uso privado), o uso de trechos de determinada obra preexistente em outra obra mais nova (para se fazer remixagem ou obra derivada, por exemplo), ou, ainda, a autorização para se reproduzir obras protegidas desde que haja fins educacionais ou que a reprodução seja feita para conservar o original. Em um mundo integrado pela tecnologia, a disparidade de previsões legais pode levar a alguns inconvenientes, como a insegurança jurídica para se usar a obra de um país em outro.

Na verdade, mesmo dentro do Brasil a insegurança existe. Como nossa lei de direitos autorais muitas vezes não é clara, e os aplicadores da lei não estão de acordo quanto à melhor interpretação a lhe ser dada, o surgimento de iniciativas populares pode ser bastante útil na solução de conflitos cotidianos. Vejamos um exemplo simples.

Se um músico deseja que sua obra seja copiada por seus fãs, não basta que coloque a música para ser baixada de sua página pessoal na internet. É necessário que o músico manifeste expressamente sua vontade em permitir a cópia de sua criação intelectual. Ele pode fazer isso da maneira que quiser, mas talvez encontre dificuldades em redigir uma licença própria, com termos juridicamente válidos, que seja compreensível por todos e que opere em diversos países simultaneamente (se for essa sua intenção). Mas com as licenças

Creative Commons terá à sua disposição textos padronizados para informar ao mundo de que modo (em quais condições) deseja permitir o acesso, a distribuição e o uso de suas obras por parte de terceiros.

Isso é verdade também para os usuários. Quem deseja copiar uma foto, uma música ou um texto para uso privado, ou para uso em outra obra, poderá ficar na dúvida sobre quais os limites que a lei determina para o uso de obras alheias (os especialistas em direitos autorais também têm dúvidas sobre o tema). Assim, ao se valer de uma obra licenciada em Creative Commons, certamente terá maior segurança quanto ao uso permitido pelo autor. Se precisa se valer de uma canção em um vídeo ou em uma peça de teatro, poderá recorrer a alguma das milhões de músicas licenciadas, que já contam com a prévia e expressa autorização do autor — requisito essencial de nossa lei.

Assim é que o projeto Creative Commons aproxima os autores dos usuários das obras, dispensando alguns dos intermediários que se tornaram obsoletos com a popularização dos meios tecnológicos. Se hoje qualquer pessoa pode produzir em casa e distribuir pela internet suas próprias músicas, seus vídeos, suas fotos e seus textos, sem a necessidade de produtoras, gravadoras e editoras, as licenças Creative Commons funcionam como uma fonte de instrumentos jurídicos para aqueles que desejam abrir mão de alguns de seus direitos em favor da coletividade e em prol da difusão de obras culturais.

Esta obra serve como um marco da primeira década de um projeto que renova a relação dos autores com o público. Presta-se, também, a funcionar como um breve guia, inédito em português, para indicar como funciona o licenciamento. Dessa forma, o livro está dividido em três partes.

Na primeira, apresentamos um contexto dos direitos autorais no mundo de hoje, seu cenário internacional, os principais temas tratados na nossa lei autoral e a origem da ideia que levou à concepção do projeto Creative Commons.

A segunda parte é dedicada a tratar especificamente do projeto e das licenças. Apontamos inicialmente como o projeto está estruturado, quem o dirige e quem o financia. A seguir, examinamos as seis licenças hoje disponíveis, comentamos o texto da licença mais liberal e enfrentamos algumas das críticas mais comuns dirigidas a este modelo de licenciamento.

Finalmente, no terceiro capítulo, são apresentadas iniciativas de sucesso, em diversas áreas do conhecimento, que optaram pelas licenças Creative Commons. Apresentamos também ferramentas de busca de obras licenciadas e fazemos breves considerações acerca do futuro próximo, quanto à reforma da lei de direitos autorais do Brasil e à redação da nova versão das licenças Creative Commons, que já se encontra em discussão.

Esperamos que tenham todos uma leitura proveitosa e que esta obra ajude a difundir as possibilidades de um mundo mais solidário e mais livre.

Os Autores

Capítulo 1

Por que criar uma licença pública?

Acesso a um mundo mais criativo

Em junho de 2011, a Secretaria Municipal de Educação de São Paulo decidiu licenciar seu material didático valendo-se de uma licença Creative Commons. A partir de então, tornou-se possível copiar, modificar e distribuir, desde que sem fins lucrativos, publicações elaboradas pela Secretaria e disponíveis em seu portal (portalsme.prefeitura.sp.gov.br), incluindo livros e apostilas com material de classe e de apoio.

Ao fazer a opção pelo licenciamento, Alexandre Schneider, secretário de Educação da cidade de São Paulo, afirmou que a decisão se devia ao fato de que a prefeitura vinha recebendo diversas solicitações de outras cidades do país para o uso do material por eles desenvolvido. Disse ainda que, como não tinham uma forma adequada de licenciar o conteúdo, optaram por uma licença que permitia que qualquer um pudesse utilizar e adaptar os materiais pelos quais o governo já havia pagado.[12]

Iniciativas como esta têm se tornado cada vez mais comuns em todo o mundo. Sites governamentais de países como Austrália, Chile, Coreia do Sul, Grécia, Itália, México, Nova Zelândia, Portugal, Rússia e Estados Unidos, entre muitos outros, são licenciados em Creative Commons. Dessa forma, é possível – no mínimo – reproduzir e divulgar seu conteúdo sem o risco de violar direitos autorais alheios. É o próprio governo que autoriza, previamente, o uso do material disponível, e em que condições o uso deverá se dar.

Também em 2011, os documentaristas Paola Castaño e Dailos Batista realizaram um média-metragem intitulado *Runa Kuti – indígenas urbanos*. O filme trata de descendentes de comunidades indígenas que hoje vivem em Buenos Aires, da luta por manter sua identidade e de como encontrar seu lugar na cidade grande.

Os diretores decidiram tornar o filme disponível na internet por meio de uma licença Creative Commons que permite a qualquer interessado fazer cópias para uso privado e para terceiros e divulgar o filme na íntegra, desde que não modifique a obra nem a explore comercialmente. Justificam sua decisão afirmando que a cultura deve ser livre para ser compartilhada, e que a lei de direitos autorais não se encontra adequada para se adaptar a novas práticas culturais.[13]

Depois de seu lançamento, o filme contou com notícia no prestigiado site Global Voices[14] (cujo conteúdo também é licen-

---

12   Disponível em: <www.estadao.com.br/noticias/impresso,sp-vai-colocar-todo-seu-material-pedagogico-na-internet,728448,0.htm>.
13   Disponível em: <http://runakuti.blogspot.com.br/p/licencia-libre.html>.
14   Disponível em: <http://globalvoicesonline.org/2012/03/22/argentina-documentary-on-the-indigenous-people-in-buenos-aires/>.

ciado em Creative Commons) e já participou de alguns festivais internacionais na América Latina. Pode ser acessado no portal de vídeos Vimeo, inclusive com legendas em diversos idiomas.[15]

Como podemos perceber a partir dos dois exemplos mencionados, muito pouco há que os una. O primeiro trata de um projeto educacional promovido pelo governo da maior cidade do Brasil. Seu objetivo principal é democratizar o acesso a conteúdos educativos. A fim de se atingir tal objetivo, autoriza a cópia e a adaptação de material didático desenvolvido pela Secretaria Municipal de Educação.

Por se tratar de um ato governamental, é compreensível que não haja interesse econômico envolvido. Afinal, o contribuinte já pagou pela elaboração daquele conteúdo. E, como bem observou Alexandre Schneider, vários são os municípios que não podem pagar para desenvolver seu próprio material didático. Nada mais justo, portanto, do que autorizar que seja reproduzido por terceiros.

Ainda que se possa alegar que foi exclusivamente a cidade de São Paulo quem financiou o desenvolvimento dos livros e apostilas licenciados, seu aproveitamento por alunos de outras localidades só pode reverter em benefício do país. Afinal, ao se permitir que outras cidades utilizem o mesmo material didático da Prefeitura de São Paulo, poderão aquelas destinar seus próprios recursos à satisfação de outras necessidades.

Já quanto ao documentário argentino, foi realizado provavelmente com baixo orçamento e sem a ambição de atingir milhões de espectadores (em um mês, foi visto por pouco mais de 1.200 pessoas no site Vimeo).[16] Trata-se de obra ar-

---

15 Disponível em: <http://runakuti.blogspot.com.br/p/ver-documental-completo.html>.
16 Disponível em: <http://vimeo.com/37754616>.

tística que poderia ser explorada economicamente por seus titulares, como de costume. Mas não neste caso. E aqui constatamos o ponto de interseção entre os dois projetos: tanto a Prefeitura de São Paulo quanto os documentaristas argentinos optaram por abrir mão de serem remunerados pela reprodução e distribuição de suas obras. Por quê?

O sistema de direitos autorais foi construído nos últimos 300 anos tendo por base a ideia de escassez. O número de cópias de determinada obra disponível no mercado era definido pela indústria. O fim das cópias significava o fim do acesso. O advento da tecnologia digital, entretanto, permitiu que as cópias (se é que se pode falar, nesse caso, adequadamente de cópia) sejam feitas rapidamente, a custo bastante reduzido e com a mesma qualidade do original, sem a perda deste. Se tal cenário dificultou imensamente o controle dos titulares de direito, também, por outro lado, permitiu a difusão das obras intelectuais.

É certo que a Warner não quer que os filmes do Harry Potter sejam distribuídos de graça na internet (afinal, uma coleção de DVDs especiais do personagem está sendo anunciada na Amazon por US$ 350.00). Mas, por outro lado, também é verdade que muitos artistas (e entes governamentais, como vimos) aproveitam as facilidades do universo digital para veicular e compartilhar suas obras.

Ao colocar à disposição do público (e da administração de outras municipalidades) o material didático elaborado por sua Secretaria de Educação, a Prefeitura de São Paulo está cumprindo com alguns ditames constitucionais. Afinal, prevê o art. 23, V, da Constituição Federal, que é competência comum da União, dos estados, do Distrito Federal e dos municípios proporcionar os meios de acesso à cultura, à educação e à

O que é Creative Commons?

ciência. É, por isso mesmo, plenamente justificável a decisão de licenciar o material didático e de apoio.

Já o licenciamento do documentário não cumpre com uma *obrigação* imposta pelo Estado. Muito pelo contrário. Trata--se apenas do exercício de um direito. Na qualidade de titulares de direitos autorais sobre a obra audiovisual intitulada *Runa Kuti – indígenas urbanos*, seus diretores podem exercer o monopólio de exploração econômica que a lei de direitos autorais lhes garante. Assim, podem proibir qualquer uso da obra que não tenha sido prévia e expressamente autorizado. Podem, entre outras hipóteses, impedir que sua obra seja copiada ou compartilhada na internet. Em regra, essa foi a opção de praticamente toda a indústria cultural durante os anos 1900. Mas Paola Castaño e Dailos Batista decidiram fazer justamente o oposto. Por que, nesse caso, agir de modo diferente?

O controle de uso de obras na internet tem se mostrado um dos principais desafios para os tempos atuais. Em razão da imaterialidade de textos, músicas, fotos e vídeos, todo esse conteúdo fica muito mais suscetível ao uso não autorizado do que as mesmas obras quando inseridas em suportes físicos. Entretanto, os mecanismos de criação artificial de escassez desenvolvidos pela indústria (como a inclusão de travas anticópia) se provaram tão caros quanto ineficientes. Assim, a internet passou a ser um campo onde só tenta construir uma cerca ao redor de um produto quem espera realmente fazer dinheiro com ele. Essa é certamente a intenção da Warner. Mas não da Prefeitura de São Paulo. E menos ainda dos documentaristas argentinos.

Para os dois últimos, aquilo que a indústria cultural passou a ver como transtorno poderia ser chamado *oportunidade*. À

Secretaria de Educação é possível cumprir com um princípio constitucional exatamente porque a internet oferece a tecnologia para "proporcionar os meios de acesso à cultura, à educação e à ciência". Já Paola Castaño e Dailos Batista desejam que seu filme seja visto. Por isso é que afirmam no blog dedicado ao documentário: "nossa maior satisfação é que este trabalho ajude a mostrar a realidade indígena de Buenos Aires ao mundo, de modo que, se você puder compartilhar [o filme] por qualquer rede social ou por e-mail para teus contatos, nos fará um grande favor".[17]

É sabido que documentários não costumam render muito dinheiro a seus realizadores e que sua distribuição pelos meios tradicionais é bastante limitada. Dessa forma, a internet se apresenta como plataforma democrática, onde qualquer artista pode exibir sua criação.

Mas para isso não bastaria apenas colocar a obra na internet? Isso já não daria a visibilidade desejada?

Sim, mas não da maneira mais adequada.

Onde existe sociedade, existe direito — já diziam os romanos. Vivemos em um mundo jurídico, onde (infelizmente) nem todas as normas socialmente aceitas se ajustam às regras legais. Pode parecer bastante razoável que, se o autor de uma obra a colocou espontaneamente na internet, é porque deseja dar acesso a ela e, eventualmente, permitir sua cópia (aqui vamos nos eximir de tratar do fato de que qualquer acesso a obras na internet gera imediatamente uma cópia, independentemente da vontade dos envolvidos — este aspecto fica para outra ocasião). No entanto, a lei brasileira de direitos autorais veda essa interpretação ao determinar que depende

---

17 Disponível em: <http://runakuti.blogspot.com.br/p/ver-documental-completo.html>.

de *prévia e expressa* autorização do titular de direitos autorais o uso de sua obra, por quaisquer modalidades, inclusive sua reprodução (é, na verdade, a primeira hipótese que a lei menciona quando impõe a autorização prévia e expressa).

Assim, somente com a anuência da Prefeitura de São Paulo ou dos diretores de *Runa Kuti – indígenas urbanos* é que poderíamos fazer cópia, na íntegra, quer do material didático, quer da obra audiovisual.

A possibilidade existe – bem se vê. No entanto, quanto maior o sucesso da obra (e sabemos que este é o desejo de todo realizador), maiores seriam seus esforços no sentido de autorizar, individualmente, que cópias da obra fossem feitas.

É aí que surgem as ideias de *licenças públicas gerais*. Por meio desses documentos, o titular dos direitos autorais informa, *prévia e expressamente*, que usos permite que sejam dados à sua obra. Assim, aquele que tem acesso à obra sabe exatamente em que limite poderá dela se valer. Esses limites incluem as possibilidades de reproduzir, de modificar ou de explorar a obra economicamente – segundo convencionado pelo titular dos direitos autorais.

Nos exemplos mencionados, a Secretaria de Educação permite que o material didático licenciado seja reproduzido e modificado, desde que sem fins lucrativos. Caso haja modificação no material, essa nova versão também deverá ser licenciada nos mesmos termos da licença original.

Paola Castaño e Dailos Batista, por sua vez, se valeram de uma licença mais restritiva. Permitem a reprodução e o compartilhamento do filme na internet, mas vedam não apenas a exploração econômica como também a criação de obras novas a partir da obra original.

Ainda que a lei brasileira de direitos autorais vede a cópia e o compartilhamento de obras na internet sem a prévia e expressa autorização de seu titular, não poderiam a Secretaria de Educação de São Paulo e os documentaristas criarem, cada qual, sua própria licença? Por que usar uma licença Creative Commons (ou outra licença existente)?

Certamente poderiam. A lei de direitos autorais permite que cada autor explore sua obra economicamente nos termos que desejar. Ou que não o faça, abrindo mão de seus direitos patrimoniais. Quanto a esse aspecto, as licenças Creative Commons não apresentam nem uma contrariedade à lei nem um mecanismo inédito. A maior vantagem da adoção das licenças Creative Commons é a padronização de suas cláusulas.

Em um mundo sem as licenças Creative Commons, cada autor deveria criar e divulgar suas próprias licenças. Alguns inconvenientes dessa prática seriam bastante claros: quem escreveria o texto das licenças? O próprio autor poderia fazê-lo ou seria necessário contratar um especialista? Quão compreensíveis seriam os termos das licenças produzidas? Como compatibilizar os termos de uma licença com os termos de outra?

Fosse assim, para cada autor haveria uma licença distinta, com redação diversa, com termos nem sempre precisos e com conteúdo nem sempre conforme a lei.

Ao contrário, quando a licença adotada é uma licença pública amplamente difundida, como a Creative Commons, torna-se fácil saber, de imediato, que direitos estão sendo conferidos e em quais condições, em função da padronização de suas cláusulas. Facilita também o fato de as licenças serem conferidas em âmbito mundial, suprimindo-se, assim, os obstáculos linguísticos e as complicadas negociações internacionais. Afinal, apesar de as licenças contarem com tratamento específico em cada país onde são internalizadas (trataremos disso mais adiante), os direitos por elas conferidos são essencialmente os mesmos em todo o mundo.

Por tudo isso, existe uma verdadeira economia de tempo e de dinheiro, com a exclusão dos intermediários (gravadoras, editoras, produtoras e, naturalmente, advogados). O artista tem, dessa maneira, mais tempo para criar.

Para esclarecermos precisamente como se dá o licenciamento por meio das licenças Creative Commons e que direitos são conferidos aos usuários da obra licenciada, é indispensável tratarmos um pouco da lei brasileira de direitos autorais. É o que passamos a fazer a seguir.

A lei brasileira de direitos autorais

Os direitos autorais no Brasil são regulados pela Lei nº 9.610/1998 (a partir de agora, "LDA"). Nos termos do art. 7º da LDA, são obras intelectuais protegidas as criações do espírito, expressas por qualquer meio ou fixadas em qualquer suporte, tangível ou intangível, conhecido ou que se invente no futuro.

Isso significa que são protegidas por direitos autorais no Brasil as obras intelectuais que tenham sido exteriorizadas ou fixadas em meios físicos, materiais (como os livros, por exemplo), ou imateriais (como a internet), conhecidos em 1998, quando a lei foi aprovada, ou inventados desde então.

A partir daí, segue-se uma lista exemplificativa de obras intelectuais, tais como textos, obras coreográficas, obras musicais, obras audiovisuais, obras fotográficas, obras de artes plásticas, ilustrações, projetos arquitetônicos, adaptações, traduções, programas de computador etc. Todos são protegidos nos termos da lei. O texto completo é o que segue:

- Art. 7º: São obras intelectuais protegidas as criações do espírito, expressas por qualquer meio ou fixadas em qualquer suporte, tangível ou intangível, conhecido ou que se invente no futuro, tais como:
- I – os textos de obras literárias, artísticas ou científicas;
- II – as conferências, alocuções, sermões e outras obras da mesma natureza;
- III – as obras dramáticas e dramático-musicais;
- IV – as obras coreográficas e pantomímicas, cuja execução cênica se fixe por escrito ou por outra qualquer forma;
- V – as composições musicais, tenham ou não letra;
- VI – as obras audiovisuais, sonorizadas ou não, inclusive as cinematográficas;
- VII – as obras fotográficas e as produzidas por qualquer processo análogo ao da fotografia;
- VIII – as obras de desenho, pintura, gravura, escultura, litografia e arte cinética;
- IX – as ilustrações, cartas geográficas e outras obras da mesma natureza;
- X – os projetos, esboços e obras plásticas concernentes à geografia, engenharia, topografia, arquitetura, paisagismo, cenografia e ciência;
- XI – as adaptações, traduções e outras transformações de obras originais, apresentadas como criação intelectual nova;
- XII – os programas de computador;
- XIII – as coletâneas ou compilações, antologias, enciclopédias, dicionários, bases de dados e outras obras, que,

por sua seleção, organização ou disposição de seu conteúdo, constituam uma criação intelectual.

- § 1º Os programas de computador são objeto de legislação específica, observadas as disposições desta Lei que lhes sejam aplicáveis.
- § 2º A proteção concedida no inciso XIII não abarca os dados ou materiais em si mesmos e se entende sem prejuízo de quaisquer direitos autorais que subsistam a respeito dos dados ou materiais contidos nas obras.
- § 3º No domínio das ciências, a proteção recairá sobre a forma literária ou artística, não abrangendo o seu conteúdo científico ou técnico, sem prejuízo dos direitos que protegem os demais campos da propriedade imaterial.

Assim, sempre que uma canção é composta, um texto é escrito ou uma ilustração é feita, seu autor gozará da proteção legalmente prevista. Para a LDA, autor será sempre a pessoa física que cria a obra, podendo-se proteger a pessoa jurídica, entretanto, nos casos em que a lei permitir. Na verdade, embora apenas pessoas físicas possam ser autoras, as pessoas jurídicas podem ser titulares de direitos autorais. Isso é o que determina o art. 11 da LDA.[18]

É muito importante que essa distinção se torne clara desde logo. Autor é quem cria a obra; titular é quem detém os direitos sobre ela. Em regra, no momento logo após a criação da obra, seu autor será também o titular, exceto se tiver transferido os direitos sobre a obra antecipadamente. De toda forma, o autor normalmente pode transferir seus direitos a terceiro. O autor jamais deixará de ser autor, mas poderá celebrar

---

18   Art. 11. Autor é a pessoa física criadora de obra literária, artística ou científica. Parágrafo único. A proteção concedida ao autor poderá aplicar-se às pessoas jurídicas nos casos previstos nesta Lei.

contrato por meio do qual outra pessoa, física ou jurídica, se torna detentora dos direitos patrimoniais da obra.

Aliás, também é bastante relevante mencionar que os direitos autorais são compostos por dois grupos de direitos, os morais e os patrimoniais. Os direitos morais de autor, previstos no art. 24 da LDA, são direitos pessoais que não se relacionam diretamente à exploração econômica da obra. O mais importante dos direitos morais é aquele que determina que poderá o autor, a qualquer tempo, reivindicar para si a autoria da obra. Ou seja, qualquer cláusula contratual (verbal ou escrita) que transfira a *autoria* de uma obra será declarada nula, por violação legal. Veja como a lei trata dos direitos morais:

- Art. 24: São direitos morais do autor:
- I – o de reivindicar, a qualquer tempo, a autoria da obra;
- II – o de ter seu nome, pseudônimo ou sinal convencional indicado ou anunciado, como sendo o do autor, na utilização de sua obra;
- III – o de conservar a obra inédita;
- IV – o de assegurar a integridade da obra, opondo-se a quaisquer modificações ou à prática de atos que, de qualquer forma, possam prejudicá-la ou atingi-lo, como autor, em sua reputação ou honra;
- V – o de modificar a obra, antes ou depois de utilizada;
- VI – o de retirar de circulação a obra ou de suspender qualquer forma de utilização já autorizada, quando a circulação ou utilização implicarem afronta à sua reputação e imagem;
- VII – o de ter acesso a exemplar único e raro da obra, quando se encontre legitimamente em poder de outrem, para o fim de, por meio de processo fotográfico ou assemelhado, ou audiovisual, preservar sua memória, de

forma que cause o menor inconveniente possível a seu detentor, que, em todo caso, será indenizado de qualquer dano ou prejuízo que lhe seja causado.

- § 1º Por morte do autor, transmitem-se a seus sucessores os direitos a que se referem os incisos I a IV.
- § 2º Compete ao Estado a defesa da integridade e autoria da obra caída em domínio público.
- § 3º Nos casos dos incisos V e VI, ressalvam-se as prévias indenizações a terceiros, quando couberem.

Já os direitos patrimoniais se encontram previstos no art. 29 da LDA. A lei apresenta uma enumeração meramente exemplificativa, estabelecendo que depende de prévia e expressa autorização do autor a utilização de sua obra por qualquer modalidade existente, incluindo a reprodução total ou parcial, a edição, a adaptação, a tradução, a distribuição, o armazenamento em computador, entre muitas outras hipóteses. Afirma a LDA:

- Art. 29: Depende de autorização prévia e expressa do autor a utilização da obra, por quaisquer modalidades, tais como:
- I – a reprodução parcial ou integral;
- II – a edição;
- III – a adaptação, o arranjo musical e quaisquer outras transformações;
- IV – a tradução para qualquer idioma;
- V – a inclusão em fonograma ou produção audiovisual;
- VI – a distribuição, quando não intrínseca ao contrato firmado pelo autor com terceiros para uso ou exploração da obra;
- VII – a distribuição para oferta de obras ou produções mediante cabo, fibra ótica, satélite, ondas ou qualquer

outro sistema que permita ao usuário realizar a seleção da obra ou produção para percebê-la em um tempo e lugar previamente determinados por quem formula a demanda, e nos casos em que o acesso às obras ou produções se faça por qualquer sistema que importe em pagamento pelo usuário;

- VIII – a utilização, direta ou indireta, da obra literária, artística ou científica, mediante:

    a) representação, recitação ou declamação;

    b) execução musical;

    c) emprego de alto-falante ou de sistemas análogos;

    d) radiodifusão sonora ou televisiva;

    e) captação de transmissão de radiodifusão em locais de frequência coletiva;

    f) sonorização ambiental;

    g) a exibição audiovisual, cinematográfica ou por processo assemelhado;

    h) emprego de satélites artificiais;

    i) emprego de sistemas óticos, fios telefônicos ou não, cabos de qualquer tipo e meios de comunicação similares que venham a ser adotados;

    j) exposição de obras de artes plásticas e figurativas;

- IX – a inclusão em base de dados, o armazenamento em computador, a microfilmagem e as demais formas de arquivamento do gênero;

- X – quaisquer outras modalidades de utilização existentes ou que venham a ser inventadas.

Vejamos um exemplo. Imagine que um músico componha uma canção, sendo autor da letra e da melodia. A obra estará protegida no momento de sua criação, independentemente de registro ou de qualquer outra formalidade. Isso se dá porque o art. 18 da LDA prevê que a proteção aos direitos de que trata a referida lei independe de registro. Dessa forma, o autor será, em regra, o titular originário dos direitos morais e dos direitos patrimoniais relacionados à música que compôs. Os direitos morais não podem ser transferidos a terceiros, mas os patrimoniais, sim.

Por esse motivo, o autor poderá conferir seus direitos patrimoniais (os relacionados à exploração econômica da obra) a uma pessoa física ou a uma pessoa jurídica (uma gravadora, por exemplo), que a partir da celebração do contrato exercerá tais direitos.

Nos termos da LDA, portanto, competirá ao titular dos direitos autorais patrimoniais permitir que terceiros façam uso da obra cujos direitos de exploração econômica ele detém. Esse uso pode ser gratuito ou oneroso. Esse uso pode ser exclusivo ou não, e pode ser limitado no tempo.

Entretanto, nem todos os usos dependem de autorização. Apesar de a LDA prever, conforme se lê no art. 29, I, que a reprodução total ou parcial depende de prévia e expressa autorização do titular, imagine se, para cada página de livro copiada, dependêssemos dessa autorização!

Foi pensando em casos assim que o legislador fez constar da LDA um capítulo chamado "Das Limitações aos Direitos Autorais". Esse capítulo, composto por três artigos, prevê os casos em que as obras podem ser usadas independentemente de autorização prévia. Vejamos o que determina a lei nesses casos, já que eles são extremamente importantes para compreendermos a função do Creative Commons:

Capítulo IV

Das Limitações aos Direitos Autorais

- Art. 46. Não constitui ofensa aos direitos autorais:
- I – a reprodução:

a) na imprensa diária ou periódica, de notícia ou de artigo informativo, publicado em diários ou periódicos, com a menção do nome do autor, se assinados, e da publicação de onde foram transcritos;

b) em diários ou periódicos, de discursos pronunciados em reuniões públicas de qualquer natureza;

c) de retratos, ou de outra forma de representação da imagem, feitos sob encomenda, quando realizada pelo proprietário do objeto encomendado, não havendo a oposição da pessoa neles representada ou de seus herdeiros;

d) de obras literárias, artísticas ou científicas, para uso exclusivo de deficientes visuais, sempre que a reprodução, sem fins comerciais, seja feita mediante o sistema Braille ou outro procedimento em qualquer suporte para esses destinatários;

- II – a reprodução, em um só exemplar de pequenos trechos, para uso privado do copista, desde que feita por este, sem intuito de lucro;

- III – a citação em livros, jornais, revistas ou qualquer outro meio de comunicação, de passagens de qualquer obra, para fins de estudo, crítica ou polêmica, na medida justificada para o fim a atingir, indicando-se o nome do autor e a origem da obra;

- IV – o apanhado de lições em estabelecimentos de ensino por aqueles a quem elas se dirigem, vedada sua publicação, integral ou parcial, sem autorização prévia e expressa de quem as ministrou;

- V – a utilização de obras literárias, artísticas ou científicas, fonogramas e transmissão de rádio e televisão em estabelecimentos comerciais, exclusivamente para demonstração à clientela, desde que esses estabelecimentos comercializem os suportes ou equipamentos que permitam a sua utilização;

- VI – a representação teatral e a execução musical, quando realizadas no recesso familiar ou, para fins exclusivamente didáticos, nos estabelecimentos de ensino, não havendo em qualquer caso intuito de lucro;
- VII – a utilização de obras literárias, artísticas ou científicas para produzir prova judiciária ou administrativa;
- VIII – a reprodução, em quaisquer obras, de pequenos trechos de obras preexistentes, de qualquer natureza, ou de obra integral, quando de artes plásticas, sempre que a reprodução em si não seja o objetivo principal da obra nova e que não prejudique a exploração normal da obra reproduzida nem cause um prejuízo injustificado aos legítimos interesses dos autores.
- Art. 47. São livres as paráfrases e paródias que não forem verdadeiras reproduções da obra originária nem lhe implicarem descrédito.
- Art. 48. As obras situadas permanentemente em logradouros públicos podem ser representadas livremente, por meio de pinturas, desenhos, fotografias e procedimentos audiovisuais.

O princípio orientador das limitações indicadas no art. 46 da LDA parece ser o uso não comercial da obra, ainda que haja exceções, tais como as previstas nos incisos III e VIII, que permitem a exploração econômica da obra nova em que se inserem trechos de obra preexistente. Simultaneamente a esse requisito, a lei valoriza o uso com caráter informativo, educacional e social.

Assim é que vamos encontrar, em pelo menos três incisos do art. 46 (I, "a", III e VI), a autorização de uso da obra com finalidade informativa, para fins de discussão ou ainda, no caso específico de obra teatral, que venha a ser usada com propósitos didáticos.

Entende-se, nesses casos, que a informação em si (inciso I, "a") não é protegida por direitos autorais e que a comunidade tem direito à livre circulação de notícias. Além disso, o direito de citação para fins de estudo, crítica ou polêmica (inciso III) é fundamental para o debate cultural e científico de qualquer sociedade.

A autorização decorrente do uso não comercial da obra em si, ainda que possa haver finalidade comercial indireta, respalda o uso de obra alheia de acordo com os incisos V e VIII do citado art. 46. Dessa forma, é possível um estabelecimento comercial que venda eletrodomésticos valer-se de obra protegida por direito autoral, independentemente de autorização dos seus titulares, para promover a venda de aparelhos de som, televisores ou aparelhos de videocassete ou DVD, por exemplo.

Da mesma maneira, o art. 46 (inciso VIII) permite o uso de obra protegida desde que esse uso se restrinja a pequenos trechos (exceto quanto a obras de artes plásticas, quando a reprodução poderá ser integral), desde que a reprodução em si não seja o objetivo principal da obra nova e que não prejudique o uso comercial da obra reproduzida. Não se veda aqui, portanto, que a nova obra seja comercializada. O que não pode é a obra citada ter sua exploração comercial prejudicada.[19]

Outro parâmetro utilizado pela LDA para limitar os direitos autorais de seus titulares é o autor valer-se de sua obra publicamente, ou que haja, no caso, interesse público. Assim é que não constitui ofensa aos direitos autorais a reprodução

---

19 Especificamente sobre o tema, ver o texto *A produção audiovisual sob a incerteza da Lei de Direitos Autorais*, disponível em: <http://bibliotecadigital.fgv.br/dspace/handle/10438/6991>.

de discursos pronunciados em reuniões públicas de qualquer natureza (inciso I, "b") e o apanhado de aulas ministradas em estabelecimento de ensino, vedando-se neste caso, expressamente, sua publicação total ou parcial sem autorização prévia e expressa de quem as ministrou.

Há que se mencionar o caráter altruísta do inciso I, "d", do art. 46, que prevê a possibilidade de reprodução, sem que esta constitua ofensa aos direitos autorais, de obras literárias, artísticas e científicas para uso exclusivo de deficientes visuais. A condição imposta pela lei, entretanto, é, mais uma vez, que a reprodução seja feita sem finalidade comercial. Sua interpretação literal leva, entretanto, à injustiça evidente de a LDA ter criado uma exceção apenas para a reprodução de obras para deficientes visuais, sem levar em conta, por exemplo, os deficientes auditivos.

Da mesma forma, sem finalidade comercial, mas respaldado por forte interesse público, será o uso de obras literárias, artísticas e científicas para produzir prova em juízo, autorizado nos termos do inciso VII do art. 46.

Em alguns casos, a lei não exige que a obra seja utilizada parcialmente, autorizando-se sua exibição integral (incisos I, letras "a" e "b", V e VI), de modo que não podemos considerar que o uso integral da obra por parte de terceiros, sem autorização do autor, seja sempre vetado por nossa lei. Ainda assim, é verdade que o uso parcial da obra seja requisito indispensável em outros casos (incisos II, III e VIII), provavelmente os mais comuns e relevantes.

É justamente o uso parcial da obra previsto como requisito legal nos incisos II, III e VIII que acentua a importância de licenças públicas como o Creative Commons. Vejamos.

Determina o art. 46, II, da LDA, que não constitui ofensa aos direitos autorais (portanto, existe aqui uma permissão) a reprodução em um só exemplar de pequenos trechos, para uso privado do copista, desde que feita por este, sem intuito de lucro. Como se percebe, a lei permite que cópias de obras alheias sejam feitas desde que aquele que faz a cópia se limite a um único exemplar, que ele mesmo faça a cópia, que use sua cópia para uso privado e que não haja intenção de lucro com essa reprodução. Ainda que discutíveis (o que é intuito de lucro? o lucro indireto também está contemplado?), tais critérios são razoavelmente aplicáveis no mundo real. Mas o que são pequenos trechos? O grau de subjetividade é tão grande que não existe qualquer parâmetro seguro a ser seguido.

O mesmo se pode dizer do item III, que determina que não constitui ofensa aos direitos autorais a citação em livros, jornais, revistas, ou qualquer outro meio de comunicação, de passagens de qualquer obra, para fins de estudo, crítica ou polêmica, na medida justificada para o fim a atingir, indicando-se o nome do autor e a origem da obra. Esse item se diferencia do anterior no que diz respeito às intenções de ambos. No inciso II, faz-se cópia de obra alheia para uso privado; aqui, usa-se trecho de obra alheia em obra própria. Ou seja, alguém copia um trecho de outro livro para escrever o seu, por exemplo. Ao longo desta obra, você poderá encontrar diversas citações indicadas em notas de rodapé, cumprindo com os requisitos apontados pela LDA.

O que torna difícil a perfeita compreensão deste inciso é definir o que significa "passagens de qualquer obra". Assim como os "pequenos trechos" do item precedente, "passagens de qualquer obra" carrega enorme subjetividade, o que dificulta sua aplicação.

Finalmente, é a mesma incerteza que se encontra na redação do inciso VIII. Prevê a LDA que não constitui ofensa aos direitos autorais a reprodução, em quaisquer obras, de pequenos trechos de obras preexistentes, de qualquer natureza, ou de obra integral, quando de artes plásticas, sempre que a reprodução em si não seja o objetivo principal da obra nova e que não prejudique a exploração normal da obra reproduzida nem cause um prejuízo injustificado aos legítimos interesses dos autores. Voltamos aqui aos "pequenos trechos". E à sua difícil aplicação prática.

Pode-se perceber, então, que em diversos momentos a LDA proíbe o uso integral de obras de terceiros sem a devida autorização. Apesar da falta de precisão em sua terminologia, é certo que o uso integral de qualquer obra, nos termos apontados nos incisos II, III e VIII do art. 46, pode ser contestado.[20]

Ainda assim, é razoável imaginarmos que um autor queira que as pessoas usem sua obra na íntegra. Os motivos são inúmeros. Um compositor/cantor pouco conhecido pode acreditar que sua melhor chance de fazer shows de sucesso é permitindo que todos ouçam suas músicas. Sendo ele desconhecido, provavelmente terá dificuldade em vender CDs ou faixas isoladas com suas composições. Assim, ele torna sua música disponível de graça para se remunerar por meio de apresentações ao vivo.

Ou, por qualquer razão, o autor não está interessado em ganhar dinheiro com a exploração econômica de sua obra, tanto por se tratar de um artista amador quanto porque é um acadêmico que vive não da venda de livros e artigos, mas de outra atividade profissional. Em ambos os casos, seu único

---

20 Como no direito nada escapa a controvérsias, existem teorias muito bem fundamentadas justificando o uso integral de obras alheias, mesmo quando se trata dos incisos mencionados, valendo-se, entre outros, de princípios como a função social do direito autoral e da leitura constitucionalizada dos dispositivos da LDA. Ver, por exemplo, Carboni (2008), Lewicki (2007) e Souza (2006). Já tivemos a oportunidade de escrever sobre o tema em Branco (2007).

interesse é que as pessoas tenham acesso a suas obras, ainda que não paguem por elas. Mas a LDA exige que para cada uso (incluindo-se, como vimos, a reprodução integral, a citação integral e o uso integral de obra alheia em obra nova) seja concedida uma autorização específica, sempre que o uso ultrapassar os limites das autorizações legais (que são de difícil identificação).

Além do autor, também temos de levar em consideração a atuação do usuário. Alguém que esteja fazendo um vídeo amador, uma peça de teatro sem maiores recursos, um livro de poesia editado de modo independente pode precisar de uma trilha sonora, de imagens ou textos de terceiros. A rigor, para uso na íntegra de qualquer das obras (há quem entenda que essa necessidade se estende inclusive para os pequenos trechos, mas vamos nos ater à hipótese legal), será necessário obter autorização do titular dos direitos patrimoniais. Sem essa autorização, conforme se verifica na leitura do art. 29 em conjunto com o art. 46 da LDA, seu uso pode ser considerado ilícito.

Neste passo, as dificuldades que se impõem são muitas e são severas. Como saber a quem pedir autorização? Como negociar os direitos de uso? Qual o valor a ser pago? E se o autor ou seus sucessores não forem localizados?

As licenças públicas gerais, como o Creative Commons, resolvem em grande parte tais impasses. O autor determina previamente quais usos autoriza com relação à sua obra. Dessa forma, qualquer pessoa poderá usar a obra dentro dos limites da autorização. Não há, portanto, violação de direitos do autor e o usuário atua com segurança jurídica.

Bom, todas essas questões apresentadas dizem respeito à LDA, ou seja, à lei brasileira. Mas se as licenças Creative Commons foram criadas nos Estados Unidos, isso significa que outros países têm dificuldades semelhantes? E uma licença americana vale também no Brasil? Como compatibilizar leis diferentes em um mundo onde a internet aboliu as fronteiras?

Quando a grama do vizinho não é mais verde do que a nossa

Os direitos autorais são, historicamente, um direito recente. Enquanto o direito de família, o direito contratual e o direito de propriedade contam com mais de 2 mil anos de discussão, os direitos autorais foram forjados a partir do início do século XVIII, sendo o Estatuto da Rainha Ana, de 1710, frequentemente apontado como o marco inicial da disciplina como nós a conhecemos.

Entretanto, não foi senão no século XIX que passamos a definir os atuais contornos da matéria. Com a revolução industrial na Europa, tornou-se cada vez mais comum a cópia não autorizada de obras de determinados autores em países vizinhos ao seu. Isso estimulou a criação do primeiro tratado internacional a se dedicar à proteção dos direitos autorais, a Convenção de Berna de 1886.

No momento de sua celebração, 10 foram os países a assiná-lo: Inglaterra, Alemanha, Bélgica, França, Espanha, Haiti, Itália, Suíça, Tunísia e Libéria. Hoje, entretanto, praticamente todas as nações do mundo são signatárias do acordo. O Brasil aderiu à Convenção de Berna apenas em 1922, e seu texto atual encontra-se em vigor em nosso país por força do Decreto nº 75.699, de 6 de maio de 1975.

De modo geral, pode-se dizer que a Convenção de Berna estabelece parâmetros mínimos de proteção, competindo a cada uma das leis internas dos países signatários definirem a maneira de implementá-los em seu próprio ordenamento jurídico.

Por exemplo: a Convenção de Berna determina que as obras serão protegidas por não menos do que a vida do autor mais 50 anos. Assim, os países que fazem parte da referida convenção serão obrigados a prever esse prazo mínimo em suas leis de direitos autorais. Nenhum país signatário poderá proteger as obras por um prazo menor do que o previsto, embora possa fazê-lo por prazo superior. Assim é que o Brasil, no art. 41 da LDA, estabelece que os direitos patrimoniais do autor perduram por 70 anos contados de 1º de janeiro do ano subsequente ao de seu falecimento, obedecida a ordem sucessória da lei civil.

Como se pode perceber, foi com base no texto da Convenção de Berna, elaborada a partir de princípios vigentes no final do século XIX, que todos os países dela signatários tiveram de redigir suas próprias leis nacionais ao longo do século XX. Embora o texto tenha sido revisado seis vezes após sua primeira edição, a revisão mais recente data dos anos 1970, quando a internet, a maior revolução tecnológica desde a criação da prensa mecânica por Gutenberg (pelo menos do ponto de vista de publicação de obras culturais e seu acesso), não era ainda comercial. Dessa forma, a Convenção de Berna impõe princípios seculares de proteção ao mundo contemporâneo, gerando um grande abismo entre os textos de lei e as condutas socialmente aceitas.

Após a Convenção de Berna, outros tratados internacionais foram celebrados, como a Convenção de Roma, de 1961, para tratar dos direitos conexos ao direito de autor, e o Agreement on Trade Related Aspects of Intellectual Property Rights

(Trips), de 1994, o mais importante tratado internacional sobre direitos autorais celebrado no século XX.

Tendo por um de seus principais objetivos vincular a propriedade intelectual ao comércio internacional, uma vez que é anexo ao acordo de criação da Organização Mundial do Comércio (OMC), o Trips entrou em vigor no Brasil por meio do Decreto nº 1.355, de 30 de dezembro de 1994.

No que diz respeito especificamente aos direitos autorais, o Trips prevê, em seu art. 9 (que abre a seção referente à matéria), que os países signatários do acordo cumprirão o disposto nos arts. 1 a 21 e no apêndice da Convenção de Berna, de modo que estão ambos os acordos associados. Para ser membro do Trips, portanto, é indispensável também assinar a Convenção de Berna.

Os tratados internacionais congregam países dos dois principais sistemas mundiais de direito autoral: o *droit d'auteur*, ou sistema francês, ou ainda sistema continental europeu, e o *copyright*, ou sistema inglês, ou sistema anglo-saxônico.

Algumas diferenças podem ser apontadas entre tais sistemas. Uma distinção seria que o sistema de *copyright* adota um regime jurídico com um cunho mais comercial, enquanto o *droit d'auteur* seria mais voltado para a tutela do autor (Leonardos, 2010:40). Assim, o direito norte-americano parte do *copyright* como um monopólio legal utilizado como incentivo econômico para os criadores.

Outras diferenças são, exemplificativamente: no sistema de *copyright* é possível a atribuição de autoria (titularidade originária, na verdade) a pessoas jurídicas, o que em regra se veda no âmbito do *droit d'auteur*. Além disso, o sistema de *copyright* exige que a obra esteja fixada para gozar de proteção, enquanto tal requisito é dispensado nos países de tradição de direito de autor continental (Lipszyc apud Pimenta, 2004:20).

Durante muito tempo, a distinção entre os dois sistemas era tão evidente que até o final do século XX os Estados Unidos resistiram em conferir direitos morais aos autores. Por isso, não foi senão em 1989 que os norte-americanos aderiram à Convenção de Berna, o que não se deu sem discussão e desentendimentos. É bem verdade que o século XX levou, em vários aspectos, a encurtar o distanciamento entre os sistemas de *copyright* e *droit d'auteur*, inclusive por conta da adoção dos direitos morais de autor pelos países alinhados ao *copyright*, como Estados Unidos, Reino Unido, Austrália, Irlanda e Nova Zelândia. Para Cyrill P. Rigamonti (2006:354), o fato elimina a característica principal a servir de distinção entre *copyright* e *droit d'auteur*.

Após essa breve exposição sobre o sistema internacional de direitos autorais, vamos analisar um pouco uma das questões centrais deste trabalho: como a lei norte-americana lida hoje com o uso de obras alheias, já que foi nos Estados Unidos que surgiram as licenças Creative Commons. Para tanto, vamos nos valer de um exemplo.

Lawrence Lessig (2004:95-99) aponta um caso interessante ocorrido nos Estados Unidos e que demonstra com razoável clareza os problemas que a prática acarreta no uso de obras alheias em obras novas.

Em 1990, o documentarista Jon Else estava em São Francisco, trabalhando em um documentário sobre óperas de Wagner. Durante uma das apresentações, Else filmava o trabalho das pessoas na coxia do teatro. No canto dos bastidores, havia um aparelho de televisão apresentando, enquanto a ópera seguia seu curso, um episódio de *Os Simpsons*. Else entendeu que a inclusão do desenho animado daria um sabor especial à cena.

O que é Creative Commons?

Uma vez concluído o filme, em razão dos quatro segundos e meio em que o desenho aparecia em sua obra, o diretor foi ter com os titulares dos direitos autorais, uma vez que *Os Simpsons* são uma obra protegida por direitos autorais e alguém havia de ser seu titular.

Inicialmente, Else procurou Matt Groening, criador de *Os Simpsons*, que imediatamente aprovou o uso do desenho no documentário, já que se tratava de um uso que se restringia a 4,5 segundos e não poderia causar qualquer dano econômico à exploração comercial de sua própria obra. No entanto, Groening disse a Else que procurasse Gracie Films, a empresa que produzia o programa.

Uma vez contatada, os responsáveis pela área de licenciamento na Gracie Films manifestaram-se favoráveis ao uso de *Os Simpsons*, mas, tal como Groening, queriam ser cautelosos e disseram a Else que consultasse também a Fox, empresa controladora da Gracie Films.

Assim foi feito. Else procurou a Fox e ficou surpreso com dois fatos: primeiro, que Matt Groening não era o verdadeiro titular de direitos autorais de sua própria obra (ou assim a Fox entendia) e, segundo, que a Fox queria US$ 10 mil para autorizar o uso dos quatro segundos e meio em que *Os Simpsons* apareciam numa televisão no canto dos bastidores de um teatro.

Uma vez que Else não tinha dinheiro suficiente para pagar pelo licenciamento, antes de o documentário ser lançado, o diretor decidiu substituir digitalmente o programa de *Os Simpsons*, que aparecia na televisão, por um trecho de um outro filme que ele próprio havia dirigido, 10 anos antes.

Diante deste exemplo, é possível constatar que também nos EUA, cujo sistema de direitos autorais é diverso do nosso (eles adotam o *copyright* e nós, o *droit d'auteur*), há incertezas acerca do uso de obras alheias em obras novas.

O que nos importa para a presente discussão é, na verdade, entender como os dois sistemas autorizam o uso de obras alheias, independentemente de permissão por parte do titular dos direitos autorais sobre a obra. Pelo sistema de *copyright*, a autorização se dá por meio de cláusula genérica, conhecida como *fair use*, ou uso justo, enquanto no sistema de direitos autorais a autorização se dá por meio de permissões expressas na lei.[21]

Observa-se que o sistema norte-americano de previsão do *fair use* em muito se diferencia do sistema europeu. No primeiro, são estabelecidos critérios segundo os quais, de acordo com o uso concreto da obra alheia, é julgado se tal uso viola ou não direitos autorais. Já no sistema europeu as limitações são previstas em lista de condutas que a doutrina entende ser absoluta. Ou seja, caso a conduta de quem usa a obra alheia não esteja de acordo com as permissões expressamente previstas em lei, o uso da obra alheia não será admitido.

José de Oliveira Ascensão (2003:98) aponta as principais distinções entre o sistema norte-americano e o europeu ao dizer que:

> O sistema norte-americano é maleável, enquanto o sistema europeu é preciso. Mas, visto pela negativa, o sistema norte-americano é impreciso, enquanto o sistema europeu é rígido. O sistema norte-americano não dá segurança prévia sobre o que pode ou não ser considerado *fair use*. O sistema europeu, pelo contrário, mostra falta de capacidade de adaptação.

---

21 Algumas dessas permissões foram examinadas no item anterior, quando tratamos do art. 46 da LDA.

Mas, sopesando méritos e deméritos, permitimo-nos concluir pela superioridade do sistema norte-americano. Além de não ser contraditório como o europeu, mantém a capacidade de adaptação a novas circunstâncias, em tempo de tão rápida evolução. Pelo contrário, os sistemas europeus tornaram-se organismos mortos. Os Estados perderam a capacidade de criar novos limites, e com isso de se adaptar aos desafios emergentes; já dissemos que os limites são constitutivos do conteúdo dos direitos.

É evidente que o caso do uso de trecho de *Os Simpsons* se trata de *fair use*, opinião que é, inclusive, endossada por Lawrence Lessig. O autor apresenta, entretanto, os argumentos de que Else se valeu para não confiar na possibilidade de usar o trecho de *Os Simpsons* sem autorização e que citamos, entre outros:
a) antes de o filme (no caso, o documentário) ser televisionado, a emissora requer uma lista de todas as obras protegidas por direitos autorais que sejam citadas no filme e faz uma análise muito conservadora do que pode ser considerado *fair use*;
b) a Fox teria um histórico de impedir uso não autorizado de *Os Simpsons*;
c) independentemente dos méritos do uso que se faria do desenho animado, haveria a possibilidade de a Fox propor ação pelo uso não autorizado da obra.
Lessig (2004:99) arremata explicando que, na teoria, *fair use* significa possibilidade de uso sem permissão do titular. A teoria, assim, ajuda a liberdade de expressão e protege contra a cultura da necessidade de permissão. Mas, na prática, o *fair use* funciona de maneira bem distinta. Os contornos embaçados da lei resultam em poucas possibilidades reais de se arguir *fair use*. Desse modo, a lei teria um objetivo correto, mas que não seria alcançado na prática.

Observa-se, por este exemplo, que, embora o instituto do *fair use* se preste a amoldar-se a inovações tecnológicas com mais facilidade e êxito do que o sistema continental europeu, não é capaz, entretanto, de na prática resolver algumas questões simples, em razão da fluidez de seus contornos.

Há inúmeros outros exemplos de problemas envolvendo o uso de obras alheias em obra cinematográfica. É também Lawrence Lessig (2001) quem assim informa: o filme *Os doze macacos* teve sua exibição interrompida por decisão judicial 28 dias depois de seu lançamento porque um artista alegava que uma cadeira que aparecia no filme lembrava um esboço de mobília que ele havia desenhado. O filme *Batman forever* foi ameaçado judicialmente porque o batmóvel era visto em um pátio alegadamente protegido por direitos autorais e o arquiteto titular dos direitos exigia ser remunerado antes do lançamento do filme. Em 1998, um juiz suspendeu o lançamento de *O advogado do Diabo* por dois dias porque um escultor alegava que um trabalho seu aparecia no fundo de determinada cena. Tais eventos ensinaram os advogados que eles precisam controlar os cineastas. Eles convenceram os estúdios de que o controle criativo é, em última instância, matéria legal.

É evidente que o excesso de zelo com os direitos autorais pode se voltar também contra a indústria, e criar a necessidade de se estruturar um verdadeiro emaranhado de licenças e autorizações quando da realização de um filme, por exemplo. Nesse sentido, Lawrence Lessig, diante de tantas imposições da indústria cinematográfica norte-americana com relação ao *clearing*[22] de direitos autorais na produção de um filme, afirma que um jovem cineasta

---

22 Denomina-se *clearing* o ato de se obter todas as licenças necessárias ao uso de obras de terceiros que apareçam no filme, ainda que incidentalmente, de modo a evitar possíveis transtornos na exibição da obra.

estaria livre para realizar um filme desde que em uma sala vazia, com dois de seus amigos (Lessig, 2001:30).

Não é só a indústria profissional que se vê atualmente ameaçada, mas também a sociedade. Com o barateamento dos meios de produção cultural, a produção de filmes caseiros tomou proporções gigantescas – algo impensável alguns anos atrás.

Nesse sentido, é também Lawrence Lessig que conta, na introdução de seu livro *Remix*, o caso de Stephanie Lenz, que gravou seu filho de um ano e meio de idade dançando ao som da música *Let's go crazy*, que tocava no rádio de sua casa. Após compartilhar o vídeo no YouTube, acabou sendo notificada pela Universal Music Group, titular dos direitos autorais da música. Segundo a notificação da Universal, Stephanie estava correndo o risco de pagar uma multa de US$ 150 mil por compartilhar um vídeo que continha a música objeto de proteção por direitos autorais (Lessig, 2008:1-4).

Como se pode facilmente perceber, apesar da aparente maleabilidade do sistema norte-americano de *copyright*, os princípios abertos da lei norte-americana não proporcionam, na prática, resultados mais satisfatórios do que a lei brasileira.

E foi exatamente visando a proporcionar maior segurança jurídica no uso de obras protegidas por direitos autorais que foram concebidas as licenças Creative Commons.

Uma ideia simples que resolve um problema complexo

As licenças Creative Commons surgem no âmbito do chamado *copyleft*. Não há como explicar o aparecimento das licenças públicas sem traçarmos antes um breve apanhado histórico sobre a ideia de *copyleft* e a de *software* livre.

Enquanto o direito autoral é visto pelos mentores originais do *copyleft* como uma maneira de restringir o direito de fazer e distribuir cópias de determinado trabalho, uma licença de *copyleft* usa a lei de direitos autorais de forma a garantir que todos que recebam uma versão da obra possam usar, modificar e também distribuir tanto a obra quanto suas versões derivadas. Assim, de maneira leiga, pode-se dizer que *copyleft* é o oposto de *copyright*.

Entende-se, a partir da explicação acima, que o *copyleft* é um mecanismo jurídico para se garantir que detentores de direitos de propriedade intelectual possam licenciar o uso de suas obras além da estrita previsão legal, ainda que amparados por esta. Por meio das licenças inspiradas no *copyleft*, aos licenciados seria garantido, de maneira genérica, valer-se das obras de terceiros nos termos da licença pública outorgada.

Ao tratar do tema, Pedro de Paranaguá Moniz e Pablo de Camargo Cerdeira (2004:69) esclarecem a respeito do conceito de *copyleft* surgido nos Estados Unidos (e em que se inserem os Creative Commons):

> Em breve resumo, as licenças *copyleft* licenciam os direitos do *copyright*, mas obrigam todos os licenciados a fazer referência ao autor da obra e a utilizarem o mesmo modelo de licenciamento nas redistribuições do mesmo original, de cópias ou de versões derivadas.
>
> Aparentemente, não há qualquer impedimento a esse tipo de licenciamento no Brasil, uma vez que as liberdades e restrições se dão apenas no plano dos direitos patrimoniais, e não no dos morais. Aliás, os contratos *copyleft* visam, entre outros detalhes, criar justamente o conceito de direito moral de paternidade dentro do instituto *copyright*, já presente no ordenamento

jurídico brasileiro como direito cogente. Ou seja, no Brasil há até mesmo previsão legal mais favorável a um dos alicerces dos contratos *copyleft*. (Moniz e Cerdeira, 2004:68)

O *copyleft* teve sua origem ainda em meados da década de 1980, com o surgimento do *software* livre. Pedro de Paranaguá Moniz e Pablo de Camargo Cerdeira (2004:68) esclarecem o significado do termo:

(...) surgiu como uma brincadeira para com o termo *copyright*, fazendo alusão à sua inversão, mas tem tomado sério corpo jurídico nos dias atuais. O *copyleft*, surgido nos EUA, nada mais é do que o próprio instituto do *copyright* em que o autor libera, desde o licenciamento primeiro, os direitos de uso, reprodução, distribuição e, eventualmente, de alteração de sua obra a qualquer interessado. Não traz, de fato, alterações substanciais nos princípios clássicos, salvo o de, por meio de contrato de licença apropriado, permitir tais liberdades.

Segundo Sérgio Amadeu,

o movimento de *software* livre é a maior expressão da imaginação dissidente de uma sociedade que busca mais do que a sua mercantilização. Trata-se de um movimento baseado no princípio do compartilhamento do conhecimento e na solidariedade praticada pela inteligência coletiva conectada na rede mundial de computadores.[23]

É Sérgio Amadeu quem comenta as razões que levaram ao surgimento do *software* livre[24]:

---

23 Disponível em: <www.*software*livre.gov.br/*software*livre/artigos/artigo_02>.
24 Disponível em: <www.*software*livre.gov.br/*software*livre/artigos/artigo_02>.

Foi a partir da indignação ativa de um então integrante do MIT, Richard Stallman, contra a proibição de se acessar o código fonte de um *software*, certamente desenvolvido a partir do conhecimento acumulado de tantos outros programadores, que em 1985 foi criada a *Free Software Foundation*. O movimento de *software* livre começou pequeno. Reunia e distribuía programas e ferramentas livres, com o código-fonte aberto. Assim, todas as pessoas poderiam ter acesso não só aos programas mas também aos códigos em que foram escritos. A ideia era produzir um sistema operacional livre que tivesse a lógica do sistema Unix que era proprietário, ou seja, pertencia a uma empresa. Por isso, os vários esforços de programação eram reunidos em torno do nome GNU (*Gnu Is Not Unix*).

Para evitar que os esforços do movimento fossem apropriados indevidamente e patenteados por algum empreendedor oportunista, novamente bloqueando o desenvolvimento compartilhado, a *Free Software Foundation* inventou a Licença Pública Geral, GPL em inglês, conhecida como *copyleft* em contraposição ao *copyright*. Ela é a garantia que os esforços coletivos não serão indevidamente considerados propriedade de alguém. O GPL é aplicável em todas as frentes em que os direitos autorais são utilizados: livros, imagens, músicas e *software*s.

A partir do texto acima, é fácil perceber que as questões envolvendo *software* livre não se centram em peculiaridades técnicas relacionadas ao *software*, mas sim peculiaridades jurídicas. Há que ficar claro que um *software* livre não se distingue dos demais em virtude de mecanismos técnicos. Nem tampouco há que se confundir *software* livre com *software* gratuito.

O grande passo dado por Richard Stallman foi, na verdade, manter o código-fonte do *software* aberto. Dessa maneira, qualquer pessoa poderá ter acesso a ele para estudá-lo e mo-dificá-lo, adaptando-o a suas necessidades. São as chamadas quatro liberdades fundamentais do *software* livre: (i) a liber-dade de executar o programa, para qualquer propósito; (ii) a liberdade de estudar como o programa funciona, e adaptá-lo para as suas necessidades; (iii) a liberdade de redistribuir có-pias de modo que você possa ajudar o seu próximo e (iv) a liberdade de aperfeiçoar o programa, e liberar os seus aper-feiçoamentos, de modo que toda a comunidade se beneficie.

Observe-se que o autor do *software* não está abrindo mão de seus direitos autorais. Na verdade, o titular está se valendo

> dos seus direitos de autor para, através de uma licença, condi-cionar a fruição desses direitos por parte de terceiros, impondo o dever de respeitar as quatro liberdades fundamentais acima descritas. O *software* livre, portanto, é produto direto do direi-to de propriedade do autor sobre o *software* e consiste em uma modalidade de exercício desse direito, através de uma licença jurídica. (Falcão, 2006:85)

Para garantir a manutenção do *software* exatamente como ''livre'', o instrumento é um contrato jurídico chamado de *GNU General Public License* ou Licença Pública Geral GNU (GNU GPL).[25] O uso da GNU GPL leva à formação de redes de contratos, ou de contratos de licenciamento em rede. Aquele que se vale da licença precisa permitir o uso de seus eventu-ais aperfeiçoamentos e modificações:

---

25   É fundamental mencionar que não há apenas esta licença para a qualificação de *software* livre. Para efeitos deste trabalho, usamos uma designação genérica apenas para indicar os me-canismos de licença em que o licenciado fica obrigado a licenciar a obra original ou derivada nas condições determinadas pelo licenciante — que é o que nos interessa. Para a Free Software Foundation, o *software* será considerado livre se seu licenciamento abarcar as quatro liberda-des de que tratamos acima.

> O exercício das quatro liberdades que constituem o contrato de licenciamento em rede – usar, adaptar, distribuir e aperfeiçoar – tem duplo significado. Para o autor, o licenciante, a cláusula de compartilhamento obrigatório é um voluntário limite que se impõe, uma obrigação que ele mesmo estabelece para seu direito de autor. Nesse sentido, exerce a autonomia da vontade da teoria contratual liberal clássica. O resultado desta autolimitação é que, para os futuros indeterminados usuários, os licenciados, estas liberdades convertem-se em direitos. Por sua vez, a contraprestação pela aquisição destes direitos é a obrigação de repassar a futuros usuários indeterminados não só os aperfeiçoamentos e modificações que porventura o próprio usuário venha a fazer no *software* original, como também a permissão de uso. (Falcão, 2006:15)

Por isso, diz-se tratar-se de um contrato em rede, já que o licenciado de hoje poderá ser o licenciante de amanhã. Dessa forma, alega-se o efeito viral a esse tipo de contrato, "na medida em que a cláusula do compartilhamento obrigatório inocula-se em todos os contratos, fazendo-os partícipes de uma mesma situação" (Falcão, 2006:16).

Assim, o *software* livre tornou-se o primeiro grande projeto desenvolvido de maneira colaborativa. Hoje, conta com a adesão de milhares de voluntários que aperfeiçoam seus sistemas e aplicativos.

Foi a partir do conceito criado em função do *software* livre que surgiram os demais projetos colaborativos, dos quais o Creative Commons é um dos exemplos mais relevantes.

O Creative Commons é um projeto criado por Lawrence Lessig, quando professor na Universidade de Stanford, e que tem por objetivo "expandir a quantidade de obras criativas disponíveis ao público, permitindo criar outras obras sobre elas, compartilhando-as. Isso é feito através do desenvolvimento e disponibilização de licenças jurídicas que permitem o acesso às obras pelo público, sob condições mais flexíveis".[26]

É o próprio criador do projeto quem introduz a ideia do *commons*. Afirma que, na maioria dos casos, *commons* é um recurso a que as pessoas de determinada comunidade têm acesso sem a necessidade de obter qualquer permissão. Em alguns casos, a permissão é necessária, mas seria concedida de maneira neutra. São dados os seguintes exemplos:

a) ruas públicas;
b) parques e praias;
c) a teoria da relatividade de Einstein;
d) escritos que estejam em domínio público (Lessig, 2004:19-20).

Lessig aponta ainda alguns interessantes aspectos que separam as ideias de *commons* das letras "a" e "b" das letras "c" e "d":

> A teoria da relatividade de Einstein é diferente das ruas ou praias públicas. A teoria de Einstein é totalmente "não-rival" [no sentido de que não há rivalidade no uso por mais de uma pessoa simultaneamente]; as ruas e as praias não são. Se você usa a teoria da relatividade, há tanto para ser usado depois quanto havia para ser usado antes. Seu consumo, em outras palavras, não rivaliza com o meu próprio. Mas estradas e praias são muito diferentes. Se todos tentam usar as estradas ao mesmo tempo (algo que aparentemente acontece na Califórnia com frequência), então o seu uso das estradas rivaliza com o meu. Engarrafamentos, praias públicas lotadas. (Lessig, 2001:21)

---

26 Disponível em: <www.direitorio.fgv.br/cts/>.

Então, o autor conclui, a respeito do uso potencialmente infinito das obras digitais por terceiros: "se um bem é 'não-rival', então o problema restringe-se a saber se há incentivo suficiente para produzi-lo e não se há demanda suficiente para seu consumo. Um bem considerado 'não-rival' não pode ser exaurido" (Lessig, 2001:21).

A partir do uso do sistema Creative Commons é possível a autores de obras intelectuais (quer sejam textos, fotos, músicas, filmes etc.) licenciarem tais obras por meio de licenças públicas, permitindo, assim, a coletividade a usar suas obras dentro dos limites das licenças.

A difusão do Creative Commons permite que, em vez de o autor se valer do "todos os direitos reservados", possa o autor se valer de "alguns direitos reservados", autorizando-se, assim, toda a sociedade a usar sua obra dentro dos termos das licenças públicas por ele adotadas.

Essa solução protege os direitos do autor, que os tem respeitados, ao mesmo tempo que permite, por meio de instrumento juridicamente válido, o acesso à cultura e o exercício da criatividade dos interessados em usarem a obra licenciada.

O Creative Commons busca efetivar a vontade de disseminação dos trabalhos dos mais diversos tipos de artistas, criadores e detentores de direitos. Por esse motivo, um determinado autor pode optar por licenciar seu trabalho sob uma licença específica, que atenda melhor seus interesses, podendo escolher entre as diversas opções existentes.

De fato, as licenças Creative Commons podem ser utilizadas para quaisquer obras protegidas por direitos autorais, tais como música, filme, texto, foto, blog, banco de dados, compilação, entre outras.

Ao tratar das características das licenças Creative Commons, pode-se afirmar que:

> Essas licenças são escritas em três níveis sob o projeto *Creative Commons*: um nível para leigos, passível de entendimento por quem não tem formação jurídica, explicando no que consiste a licença e quais os direitos que o autor está concedendo; um nível para advogados, em que a redação da licença se utiliza de termos jurídicos, tornando-a válida perante um determinado ordenamento jurídico; e um nível técnico, em que a licença é transcrita em linguagem de computador, permitindo que as obras sob ela autorizadas no formato digital sejam digitalmente "marcadas" com os termos da licença, e permitindo que um computador identifique os termos de utilização para os quais uma determinada obra foi autorizada. Esta última modalidade é particularmente importante em face da crescente regulamentação arquitetônica da internet, e pode permitir no futuro que, mesmo na eventualidade do fechamento completo da rede, os trabalhos licenciados sob um tipo de licença como esta do *Creative Commons* possam continuar a ser interpretados como livres por um determinado computador. (Lemos, 2005:84)

No próximo capítulo, vamos conhecer detalhes do surgimento e da manutenção do Projeto Creative Commons, bem como suas licenças e como elas podem ser aplicadas às obras protegidas por direitos autorais.

Capítulo 2

Como funcionam as licenças
Creative Commons?

O que é o projeto Creative Commons?

Desde o surgimento da prensa mecânica de Gutenberg até o final do século XX, a indústria cultural foi estruturada em cima da ideia de escassez. Editoras de livros, produtoras de filmes e gravadoras de música escolhiam aqueles artistas que imaginavam ser um bom investimento e arcavam com o custo (e a incerteza) da produção e distribuição do bem físico (livro, fita de vídeo ou DVD, LP, fita K7 ou CD) em que a obra se inseria. Se fossem publicados 1 mil, 10 mil ou 100 mil exemplares, quando o último deles fosse vendido, não seria possível conseguir um exemplar adicional, a menos que o responsável por sua publicação fizesse uma nova leva. Se eu e você desejássemos ter um exemplar da obra e só existisse um disponível, o impasse não se resolveria de nenhuma outra maneira: um de nós dois ficaria sem ele.

Nas últimas décadas do século XX, novos equipamentos tecnológicos surgiram para permitir cópias que de certa maneira contornavam a escassez imposta pela indústria. Máquinas copiadoras (conhecidas inadequadamente como "máquinas xerox"), gravadores de fita K7 e videocassetes passaram a permitir a cópia dos bens culturais. No entanto, na maioria das vezes a cópia era cara, de difícil acesso (já que para fazer a cópia ainda seria necessário o bem físico original em que a obra se encontrava) e quase sempre de baixa qualidade.

Tudo mudou nos anos 1990, quando o mundo se digitalizou. A partir de então, cópias de textos, fotos, filmes e música passaram a ser feitas com enorme velocidade, qualidade e a custo reduzido. Não estamos aqui discutindo o fenômeno jurídico (se essas cópias são ou não permitidas nos termos da lei), mas apenas o fenômeno social e tecnológico. Além disso, passamos todos de agentes simplesmente passivos para verdadeiros produtores culturais. Com a internet, tornou-se trivial escrever livros, produzir filmes e gravar músicas que podiam ser livremente compartilhadas.

O grande problema é que todo o sistema de direitos autorais, construído ao longo de 300 anos, havia sido forjado levando-se em conta dois princípios: o da escassez de cópias e o da indústria unidirecional. Ou seja, o produtor de cultura "oficial" (editora, gravadora, produtora) determinava em quem (que artista) o investimento seria realizado e quantas cópias da obra estariam à disposição do público. A indústria cultural produzia e o público consumia. Assim o modelo funcionou por quase três séculos. Mas agora todos podem produzir e distribuir suas obras. E a questão da escassez foi superada.

No entanto, o direito autoral permanecia o mesmo. O uso de obras alheias apenas seria permitido com a prévia e expressa autorização do autor. Se antes essa imposição não significava um ônus social muito grande (afinal, o que o público poderia fazer com um filme senão assisti-lo?), com a internet e as mídias digitais, surgiram milhares de artistas ávidos por compartilhar suas obras e que, de acordo com a lei, precisariam autorizar cada uso que terceiro desejasse fazer e que extrapolasse as limitações aos direitos autorais previstas, na LDA, entre os artigos 46 e 48.

Foi por conta desse problema (que se replica, de maneira mais ou menos idêntica, por diversas outras legislações autorais além da brasileira) que Lawrence Lessig imaginou uma maneira de usar a internet para resolver a questão dela mesma oriunda. Se, em vez de autorizar cada pessoa individualmente a usar sua obra, fosse possível criar licenças públicas padronizadas, que estabeleceriam previamente os direitos concedidos, seria mais fácil acessar, compartilhar, modificar e distribuir obras intelectuais na rede. Assim foram concebidas as licenças Creative Commons, tendo por inspiração os modelos de licenciamento livre da Free Software Foundation.

A primeira versão das licenças surgiu em dezembro de 2002. Logo após seu lançamento nos Estados Unidos, países como Japão, Finlândia e Brasil passaram a usar o modelo de licenciamento. Atualmente, cerca de 50 países adotam as licenças.

O projeto Creative Commons é gerido por uma organização não governamental sem fins lucrativos com sede em São Francisco, na Califórnia, Estados Unidos. A organização foi fundada em 2001 por Lawrence Lessig, Hal Abelson e Eric Eldred, sendo hoje administrada por um Conselho formado por 15 pessoas.[27]

De acordo com informações constantes do site oficial do Creative Commons nos Estados Unidos, o projeto persegue o ideal de um mundo em que o conhecimento é livre e facilmente difundido

---

27   Disponível em: <http://creativecommons.org/board>.

e modificado; em que arte e cultura se fundem em uma constante evolução das formas de expressão. É essa ideia que atrai colaboradores, desde grandes grupos empresariais até indivíduos isoladamente, que se utilizam das ferramentas oferecidas e vislumbram uma nova forma de encarar a produção autoral na internet. São eles que sustentam o Creative Commons com suas doações.

A forma jurídica do projeto Creative Commons, de acordo com a legislação do estado de Massachusetts, EUA, é de entidade beneficente (*charitable corporation*). Esse tipo de organização é regulamentado pela seção 501(c)(3) do Internal Revenue Code (IRC),[28] que estabelece exigências para a manutenção desse *status*. Como associação beneficente, sua receita não pode beneficiar individualmente qualquer um de seus investidores privados: ela é integralmente aplicada nas atividades da organização. Além disso, é vedado ao Creative Commons realizar qualquer tipo de propaganda política ou exercer influência sobre o processo legislativo (*lobbying*) como parte de suas atividades principais.

Essa caracterização é o que lhe permite receber doações, a principal fonte de renda do projeto. Além de doações, outra maneira de apoiar as atividades do Creative Commons é a compra de produtos personalizados – camisetas, adesivos e acessórios com a marca.

Uma análise do balanço financeiro da associação ao longo de quatro anos[29] revela a importância que as doações têm para a gestão do projeto. Nos anos de 2007 e 2008, aproximadamen-

---

28 Disponível em: <www.irs.gov/charities/charitable/article/0,,id=96099,00.html>.
29 Dados disponíveis em: <http://ibiblio.org/cccr/docs/audit2009.pdf> (auditoria de 2009); <http://ibiblio.org/cccr/docs/audit2008.pdf> (auditoria de 2008); <http://ibiblio.org/cccr/docs/audit2007.pdf> (auditoria de 2007); <http://ibiblio.org/cccr/docs/990-2009.pdf> (declaração de 2009); <http://ibiblio.org/cccr/docs/990-2008.pdf> (declaração de 2008); <http://ibiblio.org/cccr/docs/990-2007.pdf> (declaração de 2007). Dados de 2010 disponíveis em: <http://creativecommons.org/about>.

te 96% de sua renda vieram de contribuições de fundações, doações individuais e apoio de empresas privadas.

Em 2009, esse valor era de 89% da renda total, enquanto em 2010, 78%. Entre essas duas categorias de doações – de fundações e de entes privados – a proporção é razoavelmente equilibrada. Foram 48% de contribuições privadas e 48% de fundações em 2007, 34% e 55%, respectivamente, em 2009 e 36% e 42%, respectivamente, em 2010. Um ponto fora da curva é o ano de 2008, em que o projeto recebeu US$ 7.345.493 de entidades beneficentes dos US$ 10.882.688 totais do ano. No entanto, este ano foi uma exceção tanto na proporção entre doações quanto em seu volume – até então, a receita anual não havia chegado a US$ 4 milhões. Ou seja, nenhuma das duas fontes de renda tem importância relativamente maior do que a outra na composição das finanças do Creative Commons, e as duas juntas são cruciais para o seu funcionamento.

Além das doações em dinheiro, compõem parcela importante do balanço anual do Creative Commons os serviços legais doados. Trata-se de serviços de análise das licenças e dos programas criados e de suas implicações tributárias e sobre o direito autoral e de marca. Esse tipo de auxílio é indicado como "contribuição em espécie", na contabilidade do Creative Commons, com base no valor do serviço prestado: foram US$ 75.255 em 2007, US$ 377.443 em 2008, US$ 242.210 em 2009 e US$ 166.581 em 2010.

Uma visita ao site do projeto na internet dá acesso à sessão *Support CC*, que contém informações sobre as formas de contribuição. É importante notar que apenas o Creative Commons norte-americano (creativecommons.org) é capaz de receber doações e remuneração por compra de itens da loja. Isto se deve à caracterização do projeto nos demais países em que ele existe. Enquanto nos Estados Unidos o Creative Commons possui personalidade jurídica e, conforme disposto anteriormente, a natureza jurídica de uma associação beneficente, em outros países em que está presente, não.

No Brasil, por exemplo, assim como em outros países ao redor do mundo, a instituição que promove a tradução das licenças e sua disseminação é meramente representante do projeto central, situado nos EUA. O que há entre o Creative Commons Brasil e o Creative Commons norte-americano é uma parceria: o Creative Commons Brasil não é pessoa jurídica brasileira. Ele se configura como um dos projetos de pesquisa no âmbito do Centro de Tecnologia e Sociedade da Escola de Direito da Fundação Getulio Vargas. Além disso, o escritório central do Creative Commons nos EUA não repassa qualquer valor das doações às demais representações do Creative Commons em outros países. O trabalho realizado nesses outros centros – geralmente, instituições de ensino ou pesquisa – não é remunerado e baseia-se em colaborações voluntárias, comuns a todos os mais de 70 centros de pesquisa ao redor do mundo que trabalham com o Creative Commons, na medida em que compreendem sua importância para promoção da colaboração, do acesso ao conhecimento e do desenvolvimento local.

Há, ainda assim, diversas formas de contribuir com o Creative Commons, conforme se pode ver:

- a) Doação individual

O site do Creative Commons possui uma ferramenta de doação por *PayPal* ou *Google Checkout* de valores predefinidos: 25, 50, 150, 300 ou 1 mil dólares norte-americanos. A contribuição pode ser feita em apenas um pagamento ou em parcelas ao longo do período de um ano. A partir dos US\$ 50, o doador recebe um brinde por sua contribuição, que varia desde uma camiseta com a marca do Creative Commons ou uma cópia física do livro *The power of open*, adesivos ou *buttons*, a até mesmo poder participar de uma conferência telefônica com a diretora-presidente (CEO) do Creative Commons, Cathy Casserly, e com outros membros para discutir assuntos relacionados ao projeto. O mesmo vale para indivíduos que decidirem doar quaisquer outros valores, sendo o recebimento de brindes, em todo caso, opcional. Além da doação on-line, é possível enviar um cheque à sede do projeto.

- b) Compra de produtos

A loja virtual do Creative Commons vende os mesmos itens que um doador poderia escolher receber doando ao projeto – camisetas, adesivos e *buttons* –, com exceção do livro *The power of open*, que é vendido no site específico da publicação (thepowerofopen.org). As camisetas custam US\$ 20, os outros itens, menos de US\$ 10. O livro, que está disponível para download gratuito no site, é vendido na livraria on-line Lulu.com – um dos principais apoiadores do projeto – por US\$ 44,10.

- c) Doação de pessoa jurídica

A doação por parte de pessoas jurídicas pode ocorrer por três vias: *matching challenge sponsorship, employee matching gifts program* e programas de doação corporativa.

- *Matching challenge sponsorship*

O *matching challenge sponsorship* funciona como uma espécie de desafio entre a empresa e doadores individuais. O que ocorre é que toda doação individual ao Creative Commons dentro de um período predefinido e até um valor limite estipulado (geralmente US\$ 3 mil a 5 mil) será reproduzida pela empresa participante. Por exemplo, se dentro do período acordado o valor em doações individuais por quaisquer pessoas totalizar US$ 5 mil, a empresa aportará outros US$ 5 mil ao término desse prazo. No fim das contas, o volume de doações é dobrado.[30] Em contrapartida, o nome e o *link* da empresa são divulgados na página do programa – que tem cerca de 80 mil acessos por semana.[31]

Esta é uma ótima forma de declarar apoio ao projeto Creative Commons e à promoção do acesso ao conhecimento por meio de conteúdos abertos. Atualmente, constam da lista de participantes a empresa de análise de dados *Greenplum* (greenplum. com); o microblog Twitter (twitter.com); a companhia de desenvolvimento de software Canonical (canonical.com) – que fez e mantém o sistema operacional em código aberto Ubuntu; a empresa especializada em monetização de conteúdo on-line Attributor (attributor.com); e o site colaborativo especializado em guias e manuais WikiHow (wikihow.com).

Os *matching challenge sponsorships* prevalecem dentre os que contribuem com valores mais baixos. Na categoria *Leader* (dos que doam de US$ 10 mil a 25 mil), está a 20×200, uma loja on-line cujo objetivo é tornar a arte acessível para todos. Em 2009, uma das linhas de quadros vendidos no site – com os dizeres "*Get Excited and Make Things*" – teve o rendimento de suas vendas (cerca de US$ 13 mil) doado para o Creative Commons como forma de declarar apoio e admiração pelo projeto.[32]

No nível *Innovator*, Miraverse – um laboratório de mídia colaborativa que utiliza as ferramentas Creative Commons – e Tu-

---

30 Mais detalhes a respeito do *Matching Challenge Sponsorship* em: <https://creativecommons.net/corporate/matching>.
31 Disponível em: <https://creativecommons.net/other/matching>.
32 Disponível em: <http://creativecommons.org/weblog/entry/21275>.

cows — site especializado em *downloads* de *software* US$ 10 mil, por parte de cada um, para o Creative Commons. Comentando seu apoio, Elliot Noss, presidente e CEO da Tucows, afirmou:

> (...) apoiamos o Creative Commons porque toda a filosofia do nosso negócio é baseada na internet aberta. Para que a internet realmente floresça e permaneça livre, saudável e uma excelente plataforma para a inovação, precisamos adaptar modelos antigos de legislação a novos paradigmas. O Creative Commons é um dos primeiros e melhores exemplos disso. (Domicone, 2010, tradução livre)

- *Employee gifts program*

O *employee matching gifts program* é semelhante ao anterior, porém não é limitado a um período específico em que a campanha se desenrole e funciona apenas no âmbito do quadro de funcionários da empresa participante. O funcionamento é o mesmo: toda doação de um empregado da empresa participante do programa será por ela duplicado — até um limite de US$ 1 mil por pessoa. Isto estimula as doações e aumenta a arrecadação do projeto, além, é claro, de serem os valores dedutíveis nas declarações de imposto de renda de ambas as partes doadoras. A lista de empresas que realizam o *employee matching gifts program* inclui grandes nomes, como Microsoft, Yahoo, Google, American Express, New York Times Company, Adobe Systems Inc. e outras.[33]

- Programa de doação corporativa
Empresas

O programa de doação corporativa funciona como a doação individual: valores pré-estipulados de doações têm vantagens

---

33 Disponível em: <https://creativecommons.net/other/matching>.

distintas e cumulativas à medida que o montante se avoluma. São cinco categorias de doadores: *Creator*, de US$ 1 mil a 5 mil; *Innovator*, de US$ 5 mil a 10 mil; *Leader*, de US$ 10 mil a 25 mil; *Investor*, de US$ 25 mil a 50 mil; e *Sustainer*, a partir de US$ 50 mil. Esses valores podem ser parte de um programa duradouro de doação, distribuídos ao longo de anos, ou doações pontuais de acordo com a disponibilidade da empresa.

A mais alta categoria de doadores corporativos, dos *Sustainers*, tem todas as facilidades do programa de doação: acesso à mesa diretora, a cursos e seminários on-line, realização de *ccTalks* – entrevistas publicadas no site do projeto descrevendo a atuação da empresa e seu envolvimento com o Creative Commons –, convites para todos os eventos realizados pelo Creative Commons e promoção do nome da empresa na página inicial e de apoiadores do site do projeto.

Apoiar o Creative Commons é uma opção estratégica para as empresas envolvidas com a produção e administração de conteúdo autoral na internet. É uma forma de declarar apoio a uma ideia que se desenvolve em sintonia com o próprio funcionamento da rede e obter visibilidade na comunidade dos *commons*. Atualmente, a lista de patrocinadores do Creative Commons é extensa, incluindo empresas, fundações e indivíduos que participam com quantias em dinheiro ou com serviços prestados.[34]

As entidades que participam no nível *Sustainer*, ou seja, que contribuirão com US$ 50 mil ou mais nos próximos cinco anos, são Lulu.com, Google, Mozilla Foundation e Red Hat. Além destas, o Creative Commons tem o valioso apoio das fundações John D. & Catherine T. MacArthur Foundation,

---

34 Disponível em: <https://creativecommons.net/supporters/>.

Omidyar Network, William and Flora Hewlett Foundation e Bill & Melinda Gates Foundation.[35]

> [O] *Creative Commons* realiza um trabalho incrivelmente difícil e valioso: está mudando as expectativas. Antes do *Creative Commons*, o padrão era o bloqueio, para sempre, prejudicando a comunidade. Com o *Creative Commons*, o novo padrão é compartilhar, a menos que haja um bom motivo para não fazê-lo. E o compartilhamento é o nosso futuro. (Reeder, 2010, tradução livre)

Esta foi a declaração da Squidoo, doadora na categoria *Leader*, ao fazer sua doação de US$ 15 mil. É este mesmo ideal que permeia as doações de todas as outras empresas, grandes ou pequenas, como está claro nos exemplos a seguir.

A Mozilla Foundation é uma fundação que desenvolve ferramentas tecnológicas livres para a criação e inovação. Seus objetivos e os do Creative Commons relacionam-se profundamente, pois a base ideológica que move ambos os projetos é a de livre circulação de informações, de uma internet que realize todo o seu potencial artístico, cultural, político, tecnológico e intelectual.

Enquanto o Creative Commons trabalha no âmbito legal, desenvolvendo e aprimorando licenças e projetos que facilitam o compartilhamento de conteúdo na internet e a atividade colaborativa, a Mozilla Foundation trabalha na arquitetura tecnológica sobre a qual o conteúdo será construído. As atividades das duas se complementam, ou, como descreveu Mark Surman, diretor executivo da fundação, em uma conversa com o Creative Commons, "as duas organizações dão às

---

35 Disponível em: <https://creativecommons.net/supporters/>.

pessoas 'peças de lego' que elas podem usar para criar e dar forma à *web*. As peças de lego da Mozilla são técnicas, as do Creative Commons são legais. Ambas auxiliam pessoas a criar e inovar, o que remete à visão maior que compartilhamos" (Parkins, 2010b, tradução livre).

A Mozilla utiliza as licenças Creative Commons e acredita que ambas as organizações trabalham para a construção de uma "sociedade digital baseada na criatividade, inovação e liberdade" (Parkins, 2010b, tradução livre) – e, por isso, vem apoiando o projeto Creative Commons há anos.

A conexão entre o Creative Commons e a Mozilla Foundation não se limita ao projeto institucional e ideológico. Joichi Ito, membro da diretoria do Creative Commons, também faz parte da diretoria da Mozilla e de mais um grande patrocinador do Creative Commons: a John D. & Catherine T. MacArthur Foundation (de que trataremos mais adiante).

Outro exemplo de uma empresa que se beneficia do trabalho do Creative Commons é o Lulu.com, site que oferece uma plataforma on-line de publicação e venda de livros e que apoia o projeto há anos. A opção de publicar pelo Lulu.com utilizando uma licença livre foi inserida em atenção a exigências dos próprios usuários, como revelou Stephen Fraser em entrevista ao Creative Commons:

> [ ] f oi a demanda da comunidade de autores que levou a Lulu a oferecer essas licenças! Apesar de sempre termos apoiado o Creative Commons, demoramos para oferecer as licenças porque nossa equipe estava ocupada com outros assuntos. Porém, eventualmente tivemos de tornar opções de Creative Commons disponíveis. (Garlik, 2006, tradução livre)

Bob Young, o criador do site e CEO da Lulu, comentou que para alcançar o objetivo de dar aos autores a maior ingerência possível sobre suas criações, a implementação das licenças Creative Commons foi essencial. Elas permitiram que os "autores do Lulu contribuíssem em retorno ao mesmo domínio público de conhecimentos de onde obtiveram a matéria-prima para seus livros". (Parkins, 2010a, tradução livre)

Bob Young, por sinal, também é cofundador da Red Hat, empresa que apoia o projeto Creative Commons há anos e por diversas maneiras. Além de figurar como uma das principais doadoras na campanha de financiamento atual, em 2005 (Linksvayer, 2005) a empresa realizou o desafio *matching challenge sponsorship* e no ano subsequente (Reeder, 2006) ingressou no *employee matching gifts program*. A Red Hat compartilha do ideal de abertura do conteúdo na rede, trabalhando na área de soluções tecnológicas em código aberto para aplicação empresarial.

Ainda tratando das contribuições empresariais, outro grande financiador do Creative Commons é a Google. Além das doações, o uso das licenças Creative Commons por um site de sua proporção promove popularização e publicidade do projeto de abertura da organização. Desde 2009, todos os milhões de usuários dos serviços de busca Google *Images* (Benenson, 2009) e Google *Books* (Steuer, 2009) podem procurar e baixar arquivos licenciados em qualquer uma das seis licenças Creative Commons ou na dedicação ao domínio público CC0.

Atualmente, este não é o único serviço de busca a dedicar-se ao conteúdo licenciado em CC: Flickr, Fotopedia, Jamendo e YouTube são alguns dos grandes repositórios de conteúdo multimídia que utilizam as ferramentas fornecidas pelo Creative Commons para aprimorar seu serviço.

- Fundações

Além das doações provenientes de empresas interessadas no desenvolvimento para utilização das ferramentas oferecidas pelo Creative Commons, grande parte da base de sustentação do projeto vem de organizações sem fins lucrativos. Além da mencionada John D. & Catherine T. MacArthur Foundation, destacam-se Bill & Melinda Gates Foundation, Omidyar Network e William and Flora Hewlett Foundation. Todas têm uma atuação mundial de peso no fomento a iniciativas inovadoras permeadas por ideais de acessibilidade e liberdade de informação.

Uma das maiores fundações independentes dos Estados Unidos, a John D. & Catherine T. MacArthur Foundation (que concedeu, em 2010, US$ 230 milhões para projetos relacionados a direitos humanos e à defesa de liberdades individuais), iniciou em 2002 uma linha de financiamentos voltada para a propriedade intelectual e a proteção a longo prazo do domínio público. O primeiro beneficiado foi o, à época recém-fundado, Creative Commons, que desde então contou com o apoio da MacArthur somando mais de US$ 3 milhões.[36]

O incentivo é baseado na crença de que a tecnologia é fator-chave para a liberação do acesso à informação na sociedade atual e na preocupação com possíveis limitações a essa liberdade por ferramentas digitais e pela legislação de direitos autorais. As licenças Creative Commons encaixam-se perfeitamente aos desígnios da fundação, cujas doações têm como pré-requisito a liberdade de informação e c acesso aos dados, e os beneficiados por fundos da MacArthur são encorajados a utilizá-las.[37]

---

36 Disponível em: <http://creativecommons.org/weblog/entry/24258>.
37 Ibid.

O que é Creative Commons?

Segundo Elspeth Revere, vice-presidente de Mídia, Cultura e Iniciativas Especiais da fundação, o papel do Creative Commons no ecossistema digital é de evidenciar a importância do processo de compartilhamento de informações:

> como e por que usamos a informação de outros e quando e como permitiremos que utilizem o que criamos. Ele [o Creative Commons] deu as ferramentas que nos permitem compartilhar ampla e facilmente o que criamos se assim o desejarmos. Possibilitou o surgimento de comunidades no mundo inteiro que tratam de interesses comuns, desde música até governança. Demonstrou que essas comunidades, em conjunto, podem solucionar problemas legais, técnicos e práticos. (Domicone, 2010, tradução livre)

Outra apoiadora de longa data do Creative Commons é a William and Flora Hewlett Foundation. Sua conexão ao projeto está no ponto dos recursos educacionais abertos (*open educational resources*), que consistem em uma gama de conteúdos multimídia dedicados à educação e ao ensino que, por serem abertos, podem ser livremente compartilhados e alterados para atender às mais diversas necessidades. Além de exigir a utilização das licenças Creative Commons como condição para a concessão de recursos para novos projetos que busquem ajuda financeira da fundação, a Hewlett Foundation generosamente financia as mais diversas atividades do projeto, desde publicações e eventos até programas de conscientização e promoção dos recursos educacionais abertos.[38] É patente a forma como os objetivos

---

38 Uma lista das contribuições feitas pela Hewlett Foundation ao Creative Commons está disponível em: <www.hewlett.org/grants/search?order=field_date_of_award_value&sort=desc &keywords=Creative+Commons&year=&term_node_tid_depth_1=All&program_id=All>.

das duas organizações se relacionam no suporte ao projeto ccLearn.[39]

Outras duas fundações também têm contribuído com o Creative Commons há tempos. Em maio de 2008, a Omidyar Network iniciou um financiamento de cinco anos ao projeto que totalizaria cerca de US$ 2,5 milhões. Para Matt Bannick, parceiro administrativo da fundação, o Creative Commons "transformou a maneira como as pessoas pensam a propriedade intelectual. As licenças Creative Commons reduziram dramaticamente os custos de transação para o uso de muitas obras digitais" (Steuer, 2008, tradução livre), e por isso a organização apoiaria o projeto em seus empreendimentos futuros.

Finalmente, a Bill & Melinda Gates, além de apoiar o projeto financeiramente, também exige a utilização das licenças Creative Commons para um de seus maiores projetos na área de educação, o Next Generation Learning Challenges – com um investimento de US$ 20 milhões (Vollmer, 2010).

O apoio de grandes grupos impulsiona o avanço do Creative Commons. O encorajamento das pequenas doações revela a importância que o projeto tem no ecossistema da internet. As licenças Creative Commons são uma forma de superação de um modelo anacrônico de proteção de direitos autorais sem a necessidade de uma ruptura radical do sistema jurídico subjacente. O compartilhamento é a chave para o desenvolvi-

---

39 O projeto ccLearn, lançado em 2007 com o apoio da The William and Flora Hewlett Foundation, é uma divisão do Creative Commons voltada para a promoção do ensino livre e de recursos educacionais abertos. O projeto foi idealizado para minimizar barreiras legais, técnicas e sociais ao acesso a recursos educacionais. O projeto modificou-se ao longo dos anos, passando a chamar-se OpenEd por um tempo e, finalmente, incorporando-se ao Creative Commons como uma seção do trabalho da organização. Atualmente, informações sobre o trabalho do Creative Commons em recursos educacionais abertos podem ser encontradas em: <http://creativecommons.org/education>. Quanto aos projetos ccLearn e OpenEd, sua evolução pode ser acompanhada no arquivo on-line Internet Archive, pela ferramenta Wayback Machine, no endereço: <http://web.archive.org/web/20071026064525/http://learn.creativecommons.org/>.

mento de uma internet que promova a liberdade de expressão e de informação e o Creative Commons facilita a relação criador-usuário.

Todas essas organizações têm conexões ideológicas e práticas com o projeto do Creative Commons. São suas contribuições que o mantêm funcionando como organização plenamente reconhecida pela legislação norte-americana como entidade sem fins lucrativos e isenta de atuação política ou interesses de mercado. O trabalho desenvolvido pelo Creative Commons é comprometido apenas com a manutenção de uma internet livre e o licenciamento aberto é fator fundamental em suas atividades. As contribuições de empresas, associações e fundações de grande porte, que realizam um trabalho sério e pautado pela defesa dos direitos humanos, demonstram o papel crucial que a renovação dos modelos de direitos autorais tem nas garantias à liberdade de informação, de imprensa e de expressão.

Os objetivos do projeto Creative Commons se concretizam por meio das licenças disponíveis a quem delas deseje fazer uso. Como as licenças são modalidades contratuais, é necessário analisarmos o sistema de contratos previsto na LDA para melhor entendermos seu funcionamento e os efeitos de sua adoção dentro dos direitos autorais brasileiros.

Os contratos de direitos autorais

Se a obra intelectual (*i*) puder ser protegida por direitos autorais (lembrando que algumas obras estão expressamente excluídas dessa proteção) e (*ii*) ainda não tiver entrado em domínio público, competirá ao autor permitir – ou não – que sua obra seja utilizada para qualquer finalidade, exceto para aquelas que já se encontram legalmente previstas, como as limitações aos direitos autorais.

Essa é a interpretação que se faz a partir da leitura do art. 29 da LDA, que determina que "depende de autorização prévia e expressa do autor a utilização da obra, por quaisquer modalidades, tais como", seguindo-se a este texto as hipóteses de direito patrimonial do autor.

A propósito, muito importante uma ressalva geral a se fazer desde logo: quando a lei afirma que "depende de autorização prévia e expressa *do autor* a utilização da obra, por quaisquer modalidades", na verdade determina que "depende de autorização prévia e expressa *do titular* dos direitos autorais". Afinal, o titular dos direitos autorais poderá ser terceiro a quem o autor tenha transferido seus direitos patrimoniais.

A bem da verdade, a LDA é bastante econômica quando se trata de regulamentar os contratos envolvendo obras protegidas por direitos autorais.

As relações contratuais estão dispostas a partir do art. 49 da LDA. Prevê, inicialmente, o referido artigo que os direitos de autor poderão ser total ou parcialmente transferidos a terceiros, por ele ou por seus sucessores, a título universal ou singular, pessoalmente ou por representantes com poderes especiais, mediante licenciamento, concessão, cessão ou por outros meios admitidos em direito, obedecidas as limitações posteriormente apontadas.

Como se percebe, a LDA prevê três modalidades específicas de contrato – cessão, licença ou concessão –, sem que sejam proibidas outras formas contratuais juridicamente possíveis. Uma vez que a LDA não define qualquer das modalidades, a tarefa foi delegada aos intérpretes da lei.

A cessão se caracteriza pela transferência, a título oneroso ou não, a terceiro, de um ou mais direitos patrimoniais sobre a sua criação intelectual (Bittar, 2004:96). Na análise de Carlos Alberto Bittar (2004:96), "[d]espoja-se o autor (ou seus sucessores), por essa forma, de um ou mais de seus direitos exclusivos, no plano patrimonial (direitos de reprodução ou de representação, pelos diferentes processos existentes em cada qual)".

João Henrique da Rocha Fragoso (2009:350) afirma que

> o que caracteriza a cessão de direitos é o aspecto de sua definitividade (como na propriedade industrial) e de exclusividade. Transmitem-se (cedem-se) os direitos patrimoniais de autor, com todos os atributos ínsitos à propriedade, ou seja, o de fruir, utilizar e dispor, com as limitações de uso previstas na lei (art. 46) ou no contrato. (...) Se não houver a definitividade e a exclusividade será outro negócio jurídico, não cessão (...).

Também é dessa opinião Eduardo Vieira Manso (1989:21), que esclarece que a cessão "[é] o ato com o qual o titular de direitos patrimoniais do autor transfere, total ou parcialmente, porém sempre em definitivo, tais direitos, em geral tendo em vista uma subsequente utilização pública da obra geradora desses mesmos direitos".

Por exemplo, imagine que o autor de uma canção contrata a cessão de seus direitos com a gravadora. Feito isto, deixará de ser o titular dos direitos patrimoniais do contrato (que podem ser todos ou apenas alguns), embora não possa jamais deixar de ser autor (em razão dos direitos morais previstos no art. 24 da LDA).

A licença, por outro lado, é simples autorização de uso. Não opera, dessa forma, transferência de titularidade. Nas palavras de João Henrique da Rocha Fragoso (2009:361), "o licenciamento é temporário e raramente exclusivo".

Já quanto à concessão, a doutrina é em sua grande parte silenciosa sobre sua definição. Além disso, os poucos autores que tratam do tema parecem estar de acordo. Eduardo Pimenta (2005:124), por exemplo, sustenta que concessão é "cessão temporária". Nesse aspecto, divergimos do autor por acreditarmos que a classificação é inaceitável. Se houve cessão, foi definitiva (como diversos autores já apontaram); tendo sido "temporária", necessariamente trata-se de outro negócio jurídico que não a cessão. A denominada cessão temporária seria, em nossa opinião, a partir de uma nomenclatura mais técnica, uma *licença exclusiva*. Afinal, quando se concede a terceiro uma licença *com exclusividade*, nem mesmo o titular do direito autoral poderia fazer uso da obra enquanto durar a licença, impedido que estaria por conta de exclusividade. A figura, na prática, equivale de fato a uma "cessão temporária", se tal nomenclatura não constituísse – assim acreditamos – uma contradição inadmissível.

É bem verdade que a LDA não ajuda. Afinal, a confusão dos dois institutos parece nítida diante da leitura do art. 50, § 2º, que prevê que deverão constar do instrumento de cessão seus elementos essenciais, que são seu objeto e as condições de exercício do direito quanto a tempo, lugar e preço. Mas não é esta a única imprecisão da LDA – há várias outras, como a referência a "autor", no art. 29, quando deveria ser "titular do direito", e a previsão de "transmissão" de direitos morais aos herdeiros do autor, conforme art. 24, § 1º, sendo mais adequado se mencionasse "defesa de direitos".

De toda forma, a licença exclusiva é aquela que confere ao licenciado (quem recebe a licença) o direito, com exclusividade, de usar a obra nos termos do contrato. Se a celebração da licença se dá nesses termos, então nem mesmo o autor (ou seu titular, caso o autor tenha cedido seus direitos) pode usar a obra em concorrência com o licenciado. Ao final do prazo combinado, volta o autor a deter integralmente os direitos sobre a obra. Ou seja, os efeitos produzidos pela licença exclusiva são exatamente aqueles comumente atribuídos à cessão temporária.

João Henrique da Rocha Fragoso nos parece ser um dos poucos autores a definir o que vem a ser concessão. Trata do instituto nos seguintes termos:

> A inclusão da concessão na LDA poderia ser aventada, por analogia [com a concessão do direito administrativo], nas hipóteses em que o autor ou titular concede uma delegação negocial para a execução dos serviços, caso em que o concessionário estaria habilitado para agir em nome do autor ou do titular, nos limites do contrato de concessão. É possível, neste caso, se admitir, por exemplo, os contratos de subedição no âmbito da concessão. Por tais contratos, o editor original de um romance, por exemplo, no Brasil, concede a um outro editor em outro país, que passaria a ser um subeditor, o direito de traduzir e publicar a obra sobre a qual o primeiro detém os direitos de tradução e publicação, a ele conferidos. (Fragoso, 2009:363)

A LDA prevê determinadas restrições aos negócios jurídicos envolvendo os direitos autorais:

a) a transmissão total compreende todos os direitos de autor, salvo os de natureza moral e os expressamente excluídos por lei (art. 49, I). Os direitos morais não podem ser objeto de transmissão exatamente por impedimento legal. Afinal, o art. 27 da LDA determina que são tais direitos inalienáveis.

Também os direitos excluídos por lei (como as limitações e exceções) encontram-se fora do âmbito de negociação entre as partes.

b) somente será admitida transmissão total e definitiva dos direitos mediante estipulação contratual escrita (art. 49, II). A intenção da LDA, neste particular, é dar maior segurança jurídica aos contratantes. De toda forma, a estipulação contratual escrita será sempre recomendável, quer se trate de cessão total ou parcial, ou de licença. A imaterialidade do bem, aliada à interpretação restritiva dos negócios jurídicos envolvendo direitos autorais, dificultam a constituição de prova precisa no que diz respeito ao uso convencionado entre as partes.

c) na hipótese de não haver estipulação contratual escrita, o prazo máximo será de cinco anos (art. 49, III). Este dispositivo apenas pode se aplicar às licenças. A cessão, por se dar sempre de maneira definitiva, não pode estar sujeita a prazo. Mesmo que se chame o contrato "cessão temporária", estaremos diante de um caso de licença exclusiva.

d) a cessão será válida unicamente para o país em que se firmou o contrato, salvo estipulação em contrário (art. 49, IV).

e) a cessão só se operará para modalidades de utilização já existentes à data do contrato (art. 49, V). Antes da atual LDA, era comum os contratos fazerem referência a todas as modalidades de utilização existentes ou que viessem a ser inventadas. A LDA limitou a autonomia de vontade das partes por entender que essa disposição era prejudicial ao autor, que abria mão de direitos a respeito de modalidades de uso inexistentes (e muitas vezes de existência imprevisível, como era a internet nos anos 1970 ou 1980, por exemplo) quando da celebração do contrato.

f) não havendo especificações quanto à modalidade de utilização, o contrato será interpretado restritivamente, entendendo-se como limitada apenas a uma que seja aquela indispensável ao cumprimento da finalidade do contrato (art. 49, VI). Este dispositivo é consequência natural do art. 4º da LDA, que prevê exatamente que os negócios jurídicos sobre direitos autorais devem ser interpretados restritivamente.

g) a cessão total ou parcial dos direitos de autor, que se fará sempre por escrito, presume-se onerosa (art. 50).

h) a cessão dos direitos de autor sobre obras futuras abrangerá, no máximo, o período de cinco anos, devendo o prazo ser reduzido a cinco anos sempre que indeterminado ou superior, diminuindo-se, na devida proporção, o preço estipulado (art. 51 e parágrafo único). É importante não confundir o que prevê este artigo com o que consta do art. 49, III. Vejamos como se distinguem.

O art. 51 disciplina o seguinte caso: o contratante, desejando investir no talento de determinado artista, celebra com este um contrato segundo o qual todas as obras (ou todas as obras de determinado gênero de criação do artista, como canções, ou romances, ou histórias em quadrinhos) criadas por ele durante determinado prazo (que pode ser de até cinco anos) serão de titularidade daquele que o contrata. Há, portanto, um contrato sobre obras que ainda nem mesmo existem, e este contrato abrange toda a criação do artista naquele ramo durante o prazo combinado.

Já o art. 49, III, trata da licença de uso, exclusivo ou não, sobre uma obra específica. Se as partes contratantes não estabelecem um prazo segundo o qual a obra poderá ser usada pelo contratante, a LDA define que esse prazo será de cinco anos.

As diversas modalidades de licenças

As licenças, já vimos, são uma autorização de uso que o titular do direito autoral confere a alguém. Não existe, nas licenças, qualquer transferência de titularidade. Com a celebração de um contrato de licença, portanto, o titular do direito autoral patrimonial (porque somente quanto aos direitos autorais patrimoniais podem ser conferidas licenças) continuará a sê-lo. Entretanto, estará o titular, ao assinar uma licença, limitando seus direitos sobre a obra. De que maneira?

Um romancista, por exemplo, poderá conferir direito a outro autor para que este faça uma versão teatral de sua obra. Essa permissão poderá ser realizada por meio de cessão ou de licença. Se a modalidade de cessão for escolhida, o autor do romance estará transferindo, de modo definitivo ao terceiro, o direito de transpor seu romance para o teatro. Assim, mesmo depois de montada a versão teatral, se mais alguém desejar transpor a história do romance para os palcos, deverá pedir permissão àquele a quem o direito foi transferido – o autor da peça, no exemplo dado.

Tratando-se, no entanto, de licença, uma vez autorizado o uso por parte do titular, aquele a quem a autorização foi conferida deverá dela se valer no prazo estipulado (e, não havendo prazo estipulado, a LDA determina que o prazo é de cinco anos). Após esse prazo, essa limitação consentida pelo titular do direito autoral se esgota e este volta a ter a totalidade de seu direito reconhecida. Assim, se outra pessoa tiver interesse em fazer uma segunda montagem teatral do romance, deverá solicitar a autorização ao titular original, e não àquele a quem a licença (que a essa altura já terminou) foi concedida.

Acontece que a LDA contém aquela previsão, que já foi apontada, exigindo que toda e qualquer utilização da obra, que não caiba dentro das limitações previstas entre os arts. 46 e 48 da LDA, deve ser prévia e expressamente autorizada pelo titular (ainda que a LDA mencione, equivocadamente, o autor).

Pode ser, entretanto, que o autor queira — *prévia e expressamente* — autorizar *qualquer pessoa* a dar a sua obra determinados usos. Mas em que circunstâncias poderia isso ocorrer?

Imaginemos de novo um músico que compôs e gravou uma canção (é cada vez mais comum a gravação amadora de músicas feitas em estúdios caseiros que contam com qualidade quase profissional) e deseja que qualquer interessado possa fazer um *download*, na íntegra, do arquivo. Sabemos que nessas circunstâncias tem o músico os direitos morais e patrimoniais sobre a obra, e estes o autorizam a exigir, de quem quiser fazer cópia integral da música, autorização prévia e expressa. Afinal, em uma leitura rigorosa e conservadora do art. 46, II, da LDA, apenas pequenos trechos poderão ser copiados dispensando-se a prévia e expressa autorização a que a lei se refere.

Pois bem. O músico de nosso exemplo (pode ser também o autor de um texto, um ilustrador, um diretor de filmes, um arquiteto etc.) pode querer colocar sua música de graça na internet, autorizando, ainda, que qualquer interessado a copie. Essa autorização *pública e geral* pode se dar por meio de licenças (já que não conferem transferência do direito a terceiros, mas apenas uma autorização de uso) públicas (porque não existe um contrato particular) gerais (porque o direito é conferido a qualquer pessoa interessada, não apenas a um indivíduo específico). O Creative Commons talvez seja o exemplo mais conhecido de tais licenças, ao lado das licenças de software livre que lhe serviram de inspiração.

O uso da licença Creative Commons em nosso país funciona assim:

O titular dos direitos autorais que quer licenciar a obra vai ao site do Creative Commons no Brasil: www.creativecommons.org.br/. No site, na seção "publique", deverá responder a duas perguntas:

a) Permitir uso comercial de seu trabalho?

b) Permitir transformações de seu trabalho?

A primeira pergunta comporta duas opções de resposta: sim ou não. Ou seja, o titular está autorizando, ou não, que terceiro use sua obra com finalidade econômica. No caso da música, por hipótese, se a autorização se der permitindo-se o uso econômico, então o usuário poderá incluí-la em filmes comerciais, novelas de televisão ou CDs que serão vendidos no mercado. Do contrário, tais condutas serão vedadas. Poderá, entretanto, distribuir a música de graça ou incluí-la na trilha sonora de um filme distribuído gratuitamente.

A segunda pergunta se desdobra em três possibilidades de resposta: sim, não e depende. As duas primeiras são triviais: ou se permite – ou se veda – modificação da obra original. Mas cabe aqui uma terceira opção. Nesta, o titular permite que terceiro realize modificação desde que, divulgando-se a obra modificada, o resultado final seja, também ele, licenciado sob a mesma licença da obra original. Impõe-se, aqui, uma condição ao usuário com o objetivo de se manter a cadeia de criatividade aberta a novas possibilidades.

As respostas às duas perguntas, quando combinadas, geram seis possíveis licenças, conforme segue:[40]

---

40   Disponível em: <www.creativecommons.org.br/index.php?option=com_content&task=view&id=26>.

1 – Permitir uso comercial? Sim.
   Permitir obras derivadas? Sim.
   Licença gerada: Atribuição (by)

Esta licença permite que outros distribuam, remixem, adaptem ou criem obras derivadas, mesmo que para uso com fins comerciais, contanto que seja dado crédito pela criação original. Esta é a licença menos restritiva de todas as oferecidas, em termos de quais usos outras pessoas podem fazer de sua obra.

2 – Permitir uso comercial? Sim.
   Permitir obras derivadas? Sim, desde que os outros compartilhem.
   Licença gerada: Atribuição – Compartilhamento pela mesma Licença (by-sa)

Esta licença permite que outros remixem, adaptem e criem obras derivadas ainda que para fins comerciais, contanto que o crédito seja atribuído ao autor e que essas obras sejam licenciadas sob os mesmos termos. Esta licença é geralmente comparada a licenças de *software* livre. Todas as obras derivadas devem ser licenciadas sob os mesmos termos desta. Dessa forma, as obras derivadas também poderão ser usadas para fins comerciais.

3 – Permitir uso comercial? Sim.
   Permitir obras derivadas? Não.
   Licença gerada: Atribuição – Não a Obras Derivadas (by-nd)

Esta licença permite a redistribuição e o uso para fins comerciais e não comerciais, contanto que a obra seja redistribuída sem modificações e completa, e que os créditos sejam atribuídos ao autor.

4 – Permitir uso comercial? Não.
Permitir obras derivadas? Sim.
Licença gerada: Atribuição – Uso Não Comercial (by-nc)

Esta licença permite que outros remixem, adaptem e criem obras derivadas sobre a obra licenciada, sendo vedado o uso com fins comerciais. As novas obras devem conter menção ao autor nos créditos e também não podem ser usadas com fins comerciais, porém as obras derivadas não precisam ser licenciadas sob os mesmos termos desta licença.

5 – Permitir uso comercial? Não.
Permitir obras derivadas? Sim, desde que os outros compartilhem.
Licença gerada: Atribuição – Uso Não Comercial – Compartilhamento pela mesma Licença (by-nc-sa)

Esta licença permite que outros remixem, adaptem e criem obras derivadas sobre a obra original, desde que com fins não comerciais e contanto que atribuam crédito ao autor e licenciem as novas criações sob os mesmos parâmetros. Outros podem fazer o *download* ou redistribuir a obra da mesma forma que na licença anterior, mas eles também podem traduzir, fazer remixes e elaborar novas histórias com base na obra original. Toda nova obra feita a partir desta deverá ser licenciada com a mesma licença, de modo que qualquer obra derivada, por natureza, não poderá ser usada para fins comerciais.

6 – Permitir uso comercial? Sim.
Permitir obras derivadas? Sim, desde que os outros compartilhem.
Licença gerada: Atribuição – Uso Não Comercial – Não a Obras Derivadas (by-nc-nd)

Esta licença é a mais restritiva dentre as nossas seis licenças principais, permitindo redistribuição. Ela é comumente chamada "propaganda grátis", pois permite que outros façam *download* das obras licenciadas e as compartilhem, contanto que mencionem o autor, mas sem poder modificar a obra de nenhuma forma, nem utilizá-la para fins comerciais.

Mais adiante, especialmente no terceiro capítulo deste livro, faremos diversas vezes referência às licenças Creative Commons por meio das siglas que as identificam (BY; BY-SA; BY-ND; BY-NC; BY-NC-SA e BY-NC-ND, com ou sem o símbolo CC – identificador de Creative Commons – antes de cada uma delas) e que podem ser compreendidas de acordo com as explicações acima.

A respeito das licenças, três observações são extremamente relevantes e devem ser feitas desde logo.

Em primeiro lugar, o site do projeto Creative Commons não exerce a função de repositório de obras. Assim, quando alguém responde às duas perguntas acima mencionadas e recebe como resultado uma das seis licenças a que nos referimos, não existe nenhuma vinculação imediata da licença à obra que se pretende licenciar. Afinal, a informação de dados, como nome da obra e do autor, é facultativa, e não há qualquer base de dados gerida pelo projeto Creative Commons indicando que obras estão licenciadas por qual licença.

Em função dessa peculiaridade, caberá ao *titular dos direitos patrimoniais da obra* dar ao mundo conhecimento de que determinada obra se encontra licenciada. Caso se trate de uma obra em suporte físico (um CD, um DVD, um livro), convém indicar o símbolo da licença (de acordo com as seis possibilidades a que nos referimos) em encartes, na capa ou de alguma outra maneira inequívoca.

A segunda observação é que três (e não apenas uma) são as licenças geradas quando da resposta às duas perguntas constantes do site. Todas as três contam com o mesmo conteúdo, distinguindo-se apenas pelo seu destinatário, conforme segue:
a) código-fonte cuja finalidade é inserir o símbolo da licença em sites cujo conteúdo esteja licenciado. Exemplos dessa aplicação podem ser encontrados aqui: <http://academico. direito-rio.fgv.br/wiki/Propriedade_Intelectual>; e aqui: <http://blog.planalto.gov.br/>;
b) licença simplificada, de uma página, com a indicação dos direitos e obrigações do usuário;
c) versão integral, escrita em termos jurídicos e, por isso, mais complexa.

A terceira observação é bastante simples. Lembramos, desde logo, que a licença Creative Commons é atribuída pelo próprio autor da obra (ou do titular dos direitos patrimoniais) de modo a atender sua vontade como autor (ou titular de direitos). Se existe alguma restrição a seus direitos, essa restrição é voluntária – o que é absolutamente corriqueiro quando se trata de direitos patrimoniais, que são, de modo geral, disponíveis. Ninguém é obrigado a licenciar obras em Creative Commons, e se o faz é porque assim deseja.

Algumas das críticas dirigidas ao projeto Creative Commons, a que nos dedicaremos mais adiante, é a impossibilidade de se voltar atrás uma vez que a obra tenha sido licenciada. Isso se dá por questões práticas e não é apenas aqui que esses efeitos se produzem. Sempre que um artista cede (transfere) seus direitos a terceiros, também não pode, em condições normais, reverter a mudança de titularidade. Se o faz, é para sempre. E se a lei autoriza que o artista transfira integralmente seu direito a um terceiro, com exclusividade, por que não se poderia apenas limitar seus próprios direitos em prol da coletividade?

A adaptação das licenças à legislação brasileira

As licenças Creative Commons foram criadas nos Estados Unidos. Já vimos que os Estados Unidos adotam um sistema de direito autoral chamado de *copyright*, e que esse sistema tem algumas características que o diferenciam do nosso sistema, chamado de *droit d'auteur*. Em todo caso, já vimos também que há autores que afirmam que ambos os sistemas têm ficado cada vez mais parecidos entre si, especialmente após os Estados Unidos assinarem a Convenção de Berna e conferirem a seus autores determinados direitos morais, o que só veio a acontecer no final dos anos 1980.

Mas é possível dizer que as licenças Creative Commons podem ser incorporadas ao direito brasileiro, uma vez que foram projetadas para uma outra configuração de direitos autorais? Para respondermos a essa pergunta tão importante, precisamos antes explicar um pouco como funciona o direito dos contratos no Brasil.

Um contrato é uma *operação econômica* (Roppo, 2009:8). Segundo Enzo Roppo (2009:8), "a palavra 'contrato' é, as mais das vezes, empregue para designar a operação econômica *tout court*, a aquisição ou troca de bens e de serviços, o 'negócio' em suma, entendido, por assim dizer na sua materialidade, fora de toda a formalização legal, de toda a mediação operada pelo direito ou pela ciência jurídica".

O autor segue de maneira bastante significativa:

É o que acontece, por exemplo, quando se usam expressões correntes, do género: 'concluí um contrato muito vantajoso, que me permitirá ganhar alguns milhões', ou então: 'com o contrato Fiat-Citroën esperava-se acelerar o processo de integração e concentração monopolista a nível europeu, no setor da produção automóvel'. O contexto em que proposições similares são formuladas é, evidentemente, de molde a atribuir à palavra 'contrato' um significado que prescinde de qualquer qualificação jurídica pontual, colocando-se, ao invés, no plano da fenomenologia econômico-social – como sinônimo, justamente, de operação econômica. (Roppo, 2009:8)

Ou seja: o contrato, para muito além do direito, contém aspectos sociais e econômicos que existiriam ainda que o direito não existisse. O direito, por assim dizer, é a "formalização jurídica" (Roppo, 2009:) dos contratos celebrados. Ou, em outras palavras, "o acordo de vontades com a finalidade de produzir efeitos jurídicos" (Pereira, 2007:7).

Na tentativa de regular o fenômeno socioeconômico que é o contrato, as leis muitas vezes apontam quais os deveres e os direitos das partes contratantes, quais as formalidades a serem seguidas (a compra de um imóvel precisa ser registrada em um cartório, por exemplo), quais os efeitos decorrentes da assinatura do contrato etc. Acontece que a lei não tem como prever todas as hipóteses contratuais porque o mundo é sempre mais ágil e mais amplo do que o direito.

Assim, o Código Civil brasileiro, que é uma lei bastante extensa (com mais de 2 mil artigos) e que tem por objetivo tratar do direito privado (as relações em que o Estado, em regra, não se encontra envolvido), prevê determinadas modalidades contratuais. São mencionados explicitamente no Código Civil brasileiro os seguintes contratos, entre outros: compra e venda, troca ou permuta, doação, locação de coisas, empréstimo, prestação de serviços, empreitada, depósito, mandato, comissão, agência e distribuição, corretagem, transporte, seguro, fiança. Estes são exemplos de *contratos típicos.* "Diz-se que um contrato é típico (ou *nominado*) quando as suas regras disciplinares são deduzidas de maneira precisa nos Códigos ou nas leis" (Pereira, 2007:60). Os exemplos dados a partir do Código Civil são, portanto, de contratos ditos *típicos.*

Ao tratar dos contratos *atípicos,* Caio Mário da Silva Pereira (2007:60) faz as seguintes considerações:

> Mas a imaginação humana não estanca, pelo fato de o legislador haver deles cogitado em particular. Ao contrário, cria novos negócios, estabelece novas relações jurídicas, e então surgem outros contratos afora aqueles que recebem o batismo legislativo, ou que não foram tipificados, e por esta razão se consideram *atípicos* (ou *inominados*), os quais Josserand pitorescamente apelidou *contratos sob medida,* em contraposição aos típicos, que seriam para ele os já *confeccionados.*

As licenças públicas, das quais as licenças Creative Commons são uma espécie, não são previstas expressamente em nossas leis ou Códigos – são, portanto, atípicas. Não por isso, entretanto, deixam de valer juridicamente. Afinal, é o próprio Código Civil brasileiro que em seu art. 425 determina que "é lícito às partes estipular contratos atípicos, observadas as normas gerais fixadas neste Código".

Sendo atípicos, poderão as partes lhe conferir a forma que desejarem, em razão do princípio da *liberdade das formas*. Mas o conteúdo do contrato estará naturalmente limitado pelas normas gerais previstas na lei, a que o próprio art. 425 faz menção. Por isso, os contratos atípicos (e as licenças Creative Commons, por consequência) não podem violar a boa-fé, não podem servir para fraudar a lei ou para contratar objeto ilícito, entre outras hipóteses.

Mas uma vez compreendida a possibilidade legal de se criar tipos contratuais não expressamente previstos pela legislação nacional, que dizer do *conteúdo* das licenças?

Vejamos, então, o texto de uma licença Creative Commons. Para a análise, escolhemos aquela mais ampla, denominada "Atribuição" (ou BY, ou CC-BY). De maneira simplificada, podemos dizer que se trata de uma licença de que o autor se vale para permitir que terceiros façam novas obras a partir da obra original e explorem economicamente tanto a obra original quanto a obra derivada.

Conforme explicado acima, a escolha da licença se faz a partir da resposta a duas perguntas: "permitir uso comercial?" e "permitir obras derivadas?". Neste caso, o autor responde "Sim" a ambas. Com isso, foram geradas simultaneamente três licenças.

A primeira é este texto:

```
<a rel="license" href="http://creativecommons.org/licenses/
by/3.0/"><img alt="Licença Creative Commons" style="border-
-width:0" src="http://i.creativecommons.org/l/by/3.0/88x31.
png" /></a><br />Este trabalho foi licenciado com uma Licen-
ça <a rel="license" href="http://creativecommons.org/licenses/
by/3.0/">Creative Commons - Atribuição 3.0 Não Adaptada</a>.
```

Como se pode ver, não se trata de um texto para ser lido por seres humanos, mas sim por programas de computador. A sua utilização permite que o símbolo da licença escolhida apareça no site licenciado. Um exemplo pode ser encontrado no próprio site do Cretive Commons (http://creativecommons.org/), onde este ícone é visível na primeira página:

A segunda licença é uma versão simplificada da licença jurídica. Essa segunda licença é um resumo dos direitos e deveres impostos pelo autor ao escolher esta modalidade de licenciamento. Em nosso exemplo, o texto é este (apresentamos o texto atualmente em vigor, da Licença CC-BY 3.0):

Você tem a liberdade de:

- **Compartilhar** – copiar, distribuir e transmitir a obra.
- **Remixar** – criar obras derivadas.
- fazer uso comercial da obra.

Sob as seguintes condições:

- **Atribuição** – Você deve creditar a obra da forma especificada pelo autor ou licenciante (mas não de maneira que sugira que estes concedem qualquer aval a você ou ao seu uso da obra).

Ficando claro que:

- **Renúncia** – Qualquer das condições acima pode ser **renunciada** se você obtiver permissão do titular dos direitos autorais.
- **Domínio Público** – Onde a obra ou qualquer de seus elementos estiver em **domínio público** sob o direito aplicável, esta condição não é, de maneira alguma, afetada pela licença.

- **Outros Direitos** – Os seguintes direitos não são, de maneira alguma, afetados pela licença:
  Limitações e exceções aos direitos autorais ou quaisquer **usos livres** aplicáveis;
  Os **direitos morais** do autor;
  Direitos que outras pessoas podem ter sobre a obra ou sobre a utilização da obra, tais como **direitos de imagem** ou privacidade.
- **Aviso** – Para qualquer reutilização ou distribuição, você deve deixar claro a terceiros os termos da licença a que se encontra submetida esta obra. A melhor maneira de fazer isso é com um *link* para esta página.

Finalmente, existe a licença jurídica, que detalha em linguagem técnica os termos acima. Em pouco mais de quatro páginas, e ao longo de oito itens, são apontados os direitos conferidos pelo autor, as restrições a tais direitos, a responsabilidade do Creative Commons, hipóteses de término da licença e prazo de licenciamento, entre outras disposições. Mais uma vez, usaremos o texto da licença Atribuição (BY, ou CC-BY), adaptada para o Brasil em sua versão 3.0. Não transcreveremos na íntegra o texto da licença (que pode ser acessado aqui: <http://creativecommons.org/licenses/by/3.0/br/legalcode>). Nosso objetivo é apenas orientar o leitor nos principais aspectos do documento.

O texto da licença jurídica se inicia com a seguinte consideração:

A instituição *Creative Commons* não é um escritório de advocacia e não presta serviços jurídicos. A distribuição desta licença não estabelece qualquer relação advocatícia. O *Creative Commons* disponibiliza estas informações "no estado em que se encontram". O *Creative Commons* não faz qualquer garantia quanto às informações disponibilizadas e se exonera de qualquer responsabilidade por danos resultantes do seu uso.

O site Creative Commons fornece modelos de licença. Se vivêssemos na era pré-internet, seria como um livro com modelos de licenciamento de obras, que poderiam ser usados por qualquer interessado. Quando você compra um livro que contém cláusulas contratuais, ou mesmo textos de contratos inteiros, não imagina em responsabilizar o autor, caso se sinta prejudicado ao usar um dos modelos fornecidos. A decisão de usar a licença é sua. Na dúvida, consulte um advogado.

A seguir, a licença faz uma consideração de extrema importância, ainda que possa parecer evidente: qualquer uso fora dos termos da licença será considerado violação de direitos autorais. Por isso mesmo é que as licenças Creative Commons apenas funcionam dentro de um sistema de direitos autorais. É necessário compreender quais os direitos morais e patrimoniais de um autor (e estes conceitos são legais, estando fora do âmbito de decisão das licenças Creative Commons) para saber precisamente que direitos estão sendo conferidos à sociedade em razão do licenciamento. Afirma o texto:

> A obra (conforme definida abaixo) é disponibilizada de acordo com os termos desta licença pública *Creative Commons* ("CCPL" OU "Licença"). A obra é protegida por direito autoral e/ou outras leis aplicáveis. *Qualquer uso da obra que não o autorizado sob esta licença ou pela legislação autoral é proibido.*

> Ao exercer quaisquer dos direitos à obra aqui concedidos, você aceita e concorda ficar obrigado nos termos desta licença. O licenciante concede a você os direitos aqui contidos em contrapartida a sua aceitação destes termos e condições. (grifamos)

A seguir, vem a primeira cláusula da licença, com a definição (para a finalidade de licenciamento) dos seguintes termos: "obra derivada", "obra coletiva", "distribuir", "licenciante", "autor original", "titular de direitos conexos", "obra", "você", "executar publicamente" e "reproduzir".

A cláusula dois trata das limitações e exceções ao direito autoral e outros usos livres. Já nos referimos às limitações aos direitos autorais, que na LDA se encontram entre os arts. 46 e 48. A licença CC-BY trata do tema nos seguintes termos:

> **2. Limitações e exceções ao direito autoral e outros usos livres.** Nada nesta licença deve ser interpretado de modo a reduzir, limitar ou restringir qualquer uso permitido de direitos autorais ou direitos decorrentes de limitações e exceções estabelecidas em conexão com a proteção autoral, sob a legislação autoral ou outras leis aplicáveis.

Como se percebe, ainda que a licença escolhida seja a mais restritiva (e não a mais liberal, como é a de nosso exemplo), os direitos garantidos por lei devem ser mantidos, já que as licenças Creative Commons não podem suprimi-los ou alterá--los.

A terceira cláusula é a que contém os termos exatos da licença. É o coração do texto, por assim dizer. Dessa maneira, é a que mais vai variar, a depender do modelo eleito pelo autor para licenciar sua obra. No caso específico da licença CC-BY (que é a que estamos analisando), os direitos conferidos pelo licenciante (autor ou titular dos direitos autorais) ao licenciado (o usuário da obra) são estes:

> **3. Concessão da licença.** O Licenciante concede a Você uma licença de abrangência mundial, sem *royalties*, não exclusiva, perpétua (pela duração do direito autoral aplicável), sujeita aos

termos e condições desta Licença, para exercer os direitos sobre a Obra definidos abaixo:

a) Reproduzir a Obra, incorporar a Obra em uma ou mais Obras Coletivas e Reproduzir a Obra quando incorporada em Obras Coletivas;

b) Criar e Reproduzir Obras Derivadas, desde que qualquer Obra Derivada, inclusive qualquer tradução, em qualquer meio, adote razoáveis medidas para claramente indicar, demarcar ou de qualquer maneira identificar que mudanças foram feitas à Obra original. Uma tradução, por exemplo, poderia assinalar que "A Obra original foi traduzida do Inglês para o Português," ou uma modificação poderia indicar que "A Obra original foi modificada";

c) Distribuir e Executar Publicamente a Obra, incluindo as Obras incorporadas em Obras Coletivas; e,

d) Distribuir e Executar Publicamente Obras Derivadas;

e) Licenciante renuncia ao direito de recolher royalties, seja individualmente ou, na hipótese de o Licenciante ser membro de uma sociedade de gestão coletiva de direitos (por exemplo, Ecad, Ascap, BMI, Sesac), via essa sociedade, por qualquer exercício seu sobre os direitos concedidos sob esta Licença.

Os direitos acima podem ser exercidos em todas as mídias e formatos, independente de serem conhecidos agora ou concebidos posteriormente. Os direitos acima incluem o direito de fazer as modificações que forem tecnicamente necessárias para exercer os direitos em outras mídias, meios e formatos. Todos os direitos não concedidos expressamente pelo Licenciante ficam ora reservados.

Como se trata da licença mais ampla de todas, o autor (ou titular dos direitos autorais) está permitindo que terceiros possam reproduzir a obra original (item "a"), fazer obras novas a partir da obra original (item "b"), distribuir e executar publicamente tanto a obra original quanto a derivada (itens "c" e "d"). Para isso, conforme o item "e" acima, o licenciante renuncia ao direito de receber pela execução pública da obra (se for música, por exemplo, o Escritório Central de Arrecadação e Distribuição – Ecad –[41] não poderá cobrar daquele que está executando a música em lugar público – vamos tratar da questão um pouco mais adiante).

Quando a licença escolhida é outra, esta cláusula tem seu conteúdo alterado. A licença mais restritiva (CC-BY-NC-ND), por exemplo, só confere ao usuário dois direitos: (a) reproduzir a obra, incorporar a obra em uma ou mais obras coletivas e reproduzir a obra quando incorporada em obras coletivas e (b) distribuir e executar publicamente a obra, incluindo as obras incorporadas em obras coletivas. Nesse caso, não se autoriza nem a criação de obras novas com modificação da obra original nem exploração econômica desta.

Em qualquer caso, a licença será sempre de abrangência mundial, sem *royalties* (ou seja, sem que seja necessário pagar para usar a obra nos termos da licença), não exclusiva (pois outras pessoas também poderão usar a obra nos mesmos termos – ou em termos diferentes, caso o titular do direito autoral faça um contrato específico com terceiro, por exemplo) e perpétua. Por perpétua, a licença entende, adequadamente, "a duração do direito autoral aplicável". Essa ressalva é importante porque não existe direito autoral perpétuo. Todo direito autoral um dia se esgota e a obra ingressa, assim, em domínio público.

---

41 Para maiores informações, ver: <www.ecad.org.br>.

A cláusula 4 apresenta as restrições impostas aos termos da cláusula anterior. São exemplos de tais restrições no caso da CC-BY: (*i*) identificar a licença em cada uma das cópias da obra que venham a ser distribuídas ou executadas; (*ii*) não impor restrições aos termos da licença; (*iii*) não impor restrições tecnológicas que impeçam terceiros de exercer direitos a eles conferidos nos termos da licença; (*iv*) indicar o nome do autor e dos titulares de direitos conexos, se houver; (*v*) preservar, na medida legal possível, os direitos morais detidos pelos autores.

As cláusulas seguintes são isenções de garantia por parte do licenciante (o autor ou outro titular dos direitos autorais), *prestadas nos termos da licença*, quanto à titularidade da obra, não violação de direito de terceiros ou inexistência de defeitos, entre outros. Vejamos um exemplo.

Mais adiante vamos comentar um caso de um fotógrafo que fez o *upload* de várias de suas fotos no Flickr, licenciando-as na modalidade CC-BY. Ou seja, terceiros poderiam explorar as obras economicamente. Ocorre que uma das fotos era de uma menina de 15 anos e foi usada para estampar uma campanha publicitária, o que acarretou uma ação judicial por parte dos responsáveis legais da menina contra o usuário da foto e o Creative Commons.

Nos termos da cláusula 5 da licença CC-BY, entretanto, o autor não garante que não viola direitos de terceiros. Ainda que essa declaração possa parecer estranha, não poderia ser diferente. Os diversos países que adotam as licenças Creative Commons têm legislações distintas, garantindo direitos diversos. O que viola o direito em uma localidade pode não violar em outra. Além disso, ainda que a licença contivesse um texto afirmando exatamente o contrário ("o autor garante que sua obra não viola qualquer direito de terceiro"), essa afirmação seria inútil caso algum direito fosse violado.

Caso o fotógrafo do exemplo anterior tivesse adotado uma licença que contivesse uma cláusula nesse sentido, seria responsável pela violação de direito alheio, se fosse o caso. A bem da verdade, uma cláusula estabelecendo que o autor garante não violar qualquer direito não teria qualquer efeito prático benéfico no sentido de garantir efetivamente que direitos não seriam violados (porque poderiam ser), além de mais facilmente levar terceiros a erro. Havendo tal isenção de responsabilidade, terceiros que venham a usar a obra licenciada serão mais cautelosos com relação ao uso que a ela destinam. O texto exato da licença é este aqui:

5. Declarações, garantias e exoneração

Exceto quando for de outra forma mutuamente acordado pelas partes por escrito, o licenciante oferece a obra "no estado em que se encontra" (*as is*) e não presta quaisquer garantias ou declarações de qualquer espécie relativas à obra, sejam elas expressas ou implícitas, decorrentes da lei ou quaisquer outras, incluindo, sem limitação, quaisquer garantias sobre a titularidade da obra, adequação para quaisquer propósitos, não violação de direitos, ou inexistência de quaisquer defeitos latentes, acuracidade, presença ou ausência de erros, sejam eles aparentes ou ocultos. Em jurisdições que não aceitem a exclusão de garantias implícitas, estas exclusões podem não se aplicar a você.

6. Limitação de responsabilidade. Exceto na extensão exigida pela lei aplicável, em nenhuma circunstância o licenciante será responsável para com você por quaisquer danos, especiais, incidentais, consequenciais, punitivos ou exemplares, oriundos desta licença ou do uso da obra, mesmo que o licenciante tenha sido avisado sobre a possibilidade de tais danos.

O que é Creative Commons?

A limitação de responsabilidade, no entanto, se dá apenas na extensão da lei aplicável, conforme previsto na cláusula 6. Isso significa que aquele que causar um dano deverá indenizar terceiros, caso a lei assim preveja. Afinal, como seria de se imaginar, nenhuma licença (Creative Commons ou outra) pode conferir ao autor da obra violadora de direitos alheios uma salvaguarda que o coloque acima da lei.

A sétima cláusula apresenta a hipótese em que a licença pode ser revogada. Caso o licenciado (aquele que usa a obra) viole os termos da licença, esta ficará automaticamente terminada. Este é o caso de quem explora economicamente obra licenciada sob modalidade que proíbe a exploração comercial ou faz obra derivada quando a possibilidade é vedada.

Determina o texto da licença:

7. Terminação

a) Esta Licença e os direitos aqui concedidos terminarão automaticamente no caso de qualquer violação dos termos desta Licença por Você. Pessoas físicas ou jurídicas que tenham recebido Obras Derivadas ou Obras Coletivas de Você sob esta Licença, entretanto, não terão suas licenças terminadas desde que tais pessoas físicas ou jurídicas permaneçam em total cumprimento com essas licenças. As Seções 1, 2, 5, 6, 7 e 8 subsistirão a qualquer terminação desta Licença.

b) Sujeito aos termos e condições dispostos acima, a licença aqui concedida é perpétua (pela duração do direito autoral aplicável à Obra). Não obstante o disposto acima, o Licenciante reserva-se o direito de difundir a Obra sob termos diferentes de licença ou de cessar a distribuição da Obra a qualquer momento; desde que, no entanto, quaisquer destas ações não sirvam como meio de retratação desta Licença (ou de qualquer outra licença que tenha sido concedida sob os termos desta Licença, ou que deva ser concedida sob os termos desta Licença) e esta Licença continuará válida e eficaz a não ser que seja terminada de acordo com o disposto acima.

Uma vez terminada a licença pela violação por parte do licenciado, este ficaria proibido de voltar a usar a obra licenciada nos termos da licença Creative Commons. Ou seja, para ele voltaria a vigorar, em sua plenitude, o sistema de direitos autorais, obrigando-o a demandar do titular dos direitos autorais a prévia e expressa autorização a que se refere o art. 29 da LDA, sempre que o uso extrapole o previsto nas limitações aos direitos autorais (arts. 46 a 48 da LDA).

A identificação de conduta violadora da licença pode ser bem difícil na prática. Mas essa dificuldade se apresenta em qualquer uso não autorizado de obra protegida por direitos autorais, quer esteja a obra licenciada em Creative Commons ou não. Até o momento, desconhecemos qualquer violação de licença que tenha resultado em sua revogação para o licenciado.

O projeto Creative Commons conta, ainda, com uma licença específica para que autores dediquem suas obras ao domínio público, a licença CC0. Em razão das diversas especificidades legais, que variam de país para país, a CC0 permite que autores dediquem ao domínio público suas obras "no limite permitido por lei".[42] Ou seja, os efeitos da licença seriam distintos a depender de como a lei local regula a possibilidade de os autores abrirem mão de seus direitos autorais.

---

[42] Disponível em: <http://creativecommons.org/publicdomain/zero/1.0/>. Para maiores informações, ver: <http://wiki.creativecommons.org/CC0_FAQ> e <http://creativecommons.org/choose/zero/>. De acordo com informações na página de questões frequentemente propostas (FAQ, ou *frequently asked questions*), a diferença entre a licença "Atribuição" e a licença "Domínio Público" seria que a adoção da segunda não obrigaria ao terceiro, ao usar a obra, que indicasse sua autoria. No entanto, em razão da LDA, ao menos no Brasil essa obrigação resistiria por força do disposto no art. 24, I.

No Brasil, pelo menos assim nos parece, a licença CC0 seria admissível desde que respeitados os direitos morais que subsistem após o ingresso da obra em domínio público, já que quanto aos direitos patrimoniais não há nada que impeça sua renúncia. A licença CC0 apenas antecipa os efeitos do domínio público sobre a obra licenciada. Há que se atentar, entretanto, para o fato de que a licença CC0 automaticamente promove o ingresso da obra licenciada no domínio público de todos os países do mundo, não apenas naquele onde se dá o licenciamento.

Mesmo que eventualmente venha a se considerar que a licença CC0 não pode ser utilizada para licenciar obras no Brasil, em razão de incompatibilidade com os direitos morais previstos na LDA, é importante apontarmos que o texto da própria licença determina que "se qualquer parte da licença for considerada legalmente inválida ou ineficaz de acordo com a lei aplicável, então a licença deverá ser preservada no limite máximo permitido de acordo com a manifestação de vontade do licenciante".[43] Como os direitos patrimoniais são normalmente aqueles sobre os quais versam as maiores controvérsias – e quanto à sua disponibilidade parece não haver contestação significativa –, ainda que a licença CC0 viesse a ser considerada parcialmente inválida diante das leis brasileiras, os efeitos decorrentes da disposição dos direitos patrimoniais já nos parecem suficientes para atender tanto a vontade do autor-licenciante quanto a vontade do usuário-licenciado.

Em outubro de 2010, o projeto Creative Commons anunciou o lançamento do Creative Commons Mark, ferramenta que

---

43   Tradução livre do autor. Disponível em: <http://creativecommons.org/publicdomain/zero/1.0/legalcode>.

permite que trabalhos em domínio público sejam facilmente identificados e encontrados na internet.[44] A iniciativa foi saudada com bastante entusiasmo e a rede Europeana,[45] que contém mais de 14 milhões de itens de imagens, textos, arquivos em áudio e em vídeo,[46] comunicou a adoção da marca a partir de 2011 para indicar obras em domínio público.[47]

A grande vantagem da adoção do Creative Commons Mark é a identificação de obras em domínio público, uma vez que não existe um sistema de registro de obras mundial que possa ser consultado. Naturalmente, o sistema não é infalível, mas sua adoção por grandes museus, galerias e arquivos públicos poderá ser fundamental para dar maior segurança jurídica ao uso de obras culturais por parte de terceiros.

Como se percebe, a internet vem facilitar a produção cultural, o acesso e a organização e sistematização de obras intelectuais. Acreditamos que iniciativas como o Creative Commons incentivam o desenvolvimento de modelos cooperativos, dentro da lei brasileira, para que autores possam permitir a utilização, divulgação, transformação de sua obra por terceiros, a fim de contribuir para a ampliação do patrimônio cultural comum e, por conseguinte, para a disseminação da cultura e do conhecimento.

---

44   Disponível em: <http://creativecommons.org/press-releases/entry/23755>.
45   Disponível em: <http://www.europeana.eu/portal/index.html>.
46   Disponível em: <http://www.europeana.eu/portal/aboutus.html>.
47   Disponível em: <http://creativecommons.org/press-releases/entry/23755>. Curiosamente, o guia de uso de obras em domínio público constante do site da Europeana (<www.europeana.eu/portal/pd-usage-guide.html>) solicita a indicação de autoria das obras e de sua origem (por exemplo, o museu onde a obra se encontra), de modo a estimular que cada vez mais obras em domínio público se tornem disponíveis on-line. Além disso, são demandados respeito pela obra, pelo autor, difusão de informações adicionais sobre a obra, manutenção da marca indicativa de domínio público, entre outros itens. Por tudo isso, vê-se que os direitos morais remanescentes pela LDA após o ingresso da obra em domínio público são exatamente aqueles decorrentes, pode-se afirmar, de um uso em conformidade com uma ideia genérica de boa-fé objetiva, ainda que em algumas jurisdições tais direitos (ou alguns deles) sequer sejam exigíveis.

Não obstante, o Creative Commnons não se encontra isento de críticas. Alega-se que apenas mascara o rigor do sistema, já que o autor continua detentor dos direitos autorais sobre a obra, e apenas expande – de acordo com o critério de sua exclusiva vontade – o limite de autorização para uso de sua criação.

Podemos apontar abaixo algumas das críticas mais comuns que são dirigidas ao Creative Commons:

a) O Creative Commons é contra o direito autoral.

Nada pode ser mais equivocado do que esta afirmação. O sistema de licenciamento Creative Commons existe *em razão* das leis de direitos autorais. De outra maneira: o Creative Commons existe para tornar mais prática uma alternativa legal, que é a do licenciamento. Todo autor pode licenciar suas próprias obras a quem desejar. O Creative Commons apenas desenha licenças padronizadas que facilitam o licenciamento público das obras. A solução proposta pelo Creative Commons é baseada nas leis de direitos autorais, e não *apesar delas* ou *contra elas*. Como visto, as licenças existem apenas dentro de um sistema de direito autoral previamente estabelecido.

b) O Creative Commons não apresenta qualquer novidade, já que a LDA desde sempre permitiu aos autores dar a suas obras o destino que quiser, autorizando que terceiros a copiem, modifiquem ou explorem economicamente.

A grande novidade não se encontra na possibilidade em si mesma, mas na *forma* como essa possibilidade é exercida. Já tratamos do assunto no primeiro capítulo. Se cada pessoa escrevesse sua própria licença para tornar suas obras disponíveis na extensão que desejasse, seriam tais licenças compreensíveis? Quem as escreveria? Haveria consenso sobre os direitos conferidos aos usuários?

Vejamos um exemplo bastante simples e ilustrativo. O conteúdo do site do Ministério da Cultura esteve, durante a gestão de Gilberto Gil e, a seguir, de Juca Ferreira, licenciado por meio de uma licença Creative Commons. Ao assumir a pasta, em janeiro de 2010, a nova ministra da Cultura retirou o licenciamento e substituiu os termos da licença pela obscura frase "o conteúdo deste site, produzido pelo Ministério da Cultura, pode ser reproduzido, desde que citada a fonte". Como se percebe, "reprodução" se distingue de "publicação". Então, se alguém copia um texto do site do Ministério da Cultura e o publica em seu próprio site, essa conduta pode ser considerada "reprodução", nos termos da autorização do Ministério, ou estaria fora da autorização e, portanto, vedada? Surge a insegurança jurídica – exatamente o que o Creative Commons deseja evitar.

Posteriormente, o site do Ministério da Cultura reviu os termos da sua autorização e passou a permitir o uso de seu conteúdo com as seguintes palavras: "Licença de Uso: o conteúdo deste site, vedado o seu uso comercial, poderá ser reproduzido desde que citada a fonte, excetuados os casos especificados em contrário e os conteúdos replicados de outras fontes".[48] Apesar do texto mais prolixo, não se resolve, ainda, o problema apontado no parágrafo anterior. E quando nem mesmo o Ministério da Cultura é capaz de elaborar um texto apto a dar os contornos precisos dos direitos dos usuários, como imaginar que milhões de pessoas seriam hábeis para fazê-lo por sua própria conta, com coerência e termos interoperáveis?

Por isso, a grande novidade do Creative Commons não é exatamente a possibilidade de licenciamento por parte do

---

48   Disponível em: <www.cultura.gov.br/site/>.

autor. Isso, todos sabem, sempre se pôde fazer. A novidade reside em *como* o licenciamento é feito, por meio de licenças jurídicas *globais* e *padronizadas* que estabelecem com precisão que direitos são conferidos ao usuário. E uma vez que os direitos outorgados são identificados sempre pelos mesmos símbolos, em qualquer lugar do mundo, as licenças são facilmente compreendidas por quem já as conheça e as obras que dela se valem podem ser usadas sem a insegurança jurídica que nem o Ministério da Cultura do Brasil foi capaz de afastar quando decidiu licenciar o conteúdo de seu site.

c) O Creative Commons não informa que as licenças são celebradas por prazo indeterminado e que são irrevogáveis.

Algumas críticas têm sido sistematicamente proferidas por quem não se dedicou suficientemente a compreender as licenças Creative Commons. Conforme se verifica nas cláusulas 3 e 7 acima transcritas, encontra-se bastante claro que o licenciamento se dá por todo o período de vigência dos direitos autorais. Tratando-se, portanto, de obra fotográfica ou audiovisual, a licença vigorará por 70 anos contados da publicação da obra, conforme prevê a LDA. Em todos os outros casos, a vigência da licença, que coincidirá com a vigência do prazo de proteção dos direitos autorais, será de 70 anos contados da morte do autor.

Um dos princípios contratuais que regem nossas leis é o da autonomia da vontade. Os contratantes devem ser livres para contratar nos termos que desejarem, desde que observem a ordem pública, os bons costumes, a boa-fé objetiva etc. Como vimos, o autor pode transferir para terceiros, com exclusividade, os direitos autorais relativos a determinada obra. Essa transferência se presume onerosa, mas pode ser gratuita. Se é possível ao autor abrir mão em definitivo de todos os seus direitos autorais relativos a determinada obra, naturalmente pode apenas limitá-los por meio da atribuição de uma licença pública. Afinal, por meio da licença, qualquer um poderá usar a obra nos termos licenciados, mas seu uso se dará sempre em concorrência com o titular (ou seja, o titular nunca deixará de poder explorar sua obra, ao contrário do que normalmente aconteceria com uma cessão de direitos).

A irrevogabilidade decorre de uma questão prática. Depois que a obra é licenciada, terceiros poderão dela fazer uso nos termos permitidos por aquele que a licenciou. A partir daí novas relações jurídicas surgirão, tendo por base o licenciamento original. Por conta disso, ficará muito difícil interromper o fluxo de distribuição, modificação ou exploração econômica da obra sem gerar insegurança jurídica. Vejamos um exemplo.

Conforme mencionamos no início deste livro, a secretaria de educação da cidade de São Paulo licenciou material didático por ela desenvolvido por meio de uma licença CC-BY-NC-SA. Isso significa que outro município pode se valer do material licenciado e com base nele elaborar seu próprio material. Por hipótese, imaginemos que a secretaria de educação do município A fez *download* de uma apostila elaborada e licenciada pela cidade de São Paulo. A partir do texto original, fez um novo texto, que licenciou (como seria obrigatório nesse caso) em Creative Commons.

O município A agiu em conformidade com a licença e, portanto, com a LDA. Sua conduta se deu em conformidade com o direito. Havia uma licença pública geral que lhe autorizava acessar, modificar e distribuir o material original e o material modificado. Imaginemos, também por hipótese, que a secretaria de educação da cidade de São Paulo decidisse, após alguns meses, revogar a licença Creative Commons atrelada ao material didático utilizado pelo município A. Quais as consequências dessa revogação?

O município A é titular de direitos autorais sobre a obra modificada, uma vez que estava autorizado a fazer as modificações que desejasse, tendo por base a licença original. O material modificado pelo município A, por este distribuído nos termos da licença, pode ter sido acessado pelo município B. A obra intelectual produzida pelo município A é diferente da obra original, tem inclusive outros autores, mas está também licenciada em Creative Commons. Quando o município B utiliza a obra modificada pelo município A, mesmo após a licença original ter sido revogada, está agindo em conformidade com a lei. Mas está, ao mesmo tempo, trabalhando a partir do material originalmente licenciado, cuja licença foi hipoteticamente revogada. Há, nesse caso, um conflito de interesses. A secretaria de educação da cidade de São Paulo poderia se opor ao uso de seu material didático por parte do município B, que estaria agindo em conformidade com os termos da licença outorgada (e válida) pelo município A.

Se a questão pode parecer de difícil solução em um exemplo tão simples como este, imagine um material modificado, remixado, adaptado e distribuído milhares de vezes, em diversos países, sem que seja possível saber a partir de qual material o uso foi feito – se do conteúdo original cuja licença foi, por hipótese, revogada, ou se a partir de obras derivadas distribuídas legitimamente nos termos da licença.

Por todo o exposto, bem se vê que a melhor solução é mesmo determinar que as licenças sejam irrevogáveis. É a irrevogabilidade que garantirá maior segurança jurídica nas relações decorrentes do licenciamento.

Além disso, vale lembrar que quem licencia seu trabalho em Creative Commons continua integralmente como "dono" da obra (isto é, seu legítimo titular). O Creative Commons é um mero instrumento de licença. Ele não opera a transferência da titularidade da obra para terceiros. Apenas permite que outros utilizem a obra nos termos definidos pela licença e com as condições estabelecidas por ela. Com isso, quem licenciou a obra em Creative Commons permanece seu legítimo "dono" e titular e pode licenciá-la por meio de outros regimes de licenciamento e até ceder os direitos da obra para terceiros.

Obviamente, esses licenciamentos subsequentes e cessões posteriores devem respeitar os direitos de terceiros que utilizaram a obra sob a licença anterior. Mas, por exemplo, nada impede que um artista lance a primeira edição de um livro em Creative Commons e depois, na segunda edição, ampliada e revisada, decida lançar a obra com outra modalidade de licença ou até mesmo com os direitos autorais totalmente reservados. Essa é uma conduta totalmente legítima e permitida, já que o autor permanece titular e autor da obra. Em síntese, deve respeitar os licenciamentos anteriores realizados, mas pode realizar licenças futuras em regimes de proteção diferentes, desde que isso não invalide ou prejudique o direito de terceiros que utilizem a versão anterior da obra licenciada em Creative Commons.

Não custa lembrar ainda, mais uma vez, que a licença é voluntária, licencia suas obras quem quer. Os modelos de licença Creative Commons não têm objetivos comerciais como são os contratos com editoras, gravadoras, produtoras. Se o licenciamento por meio de licenças públicas gerais não é do interesse de determinado artista, basta não se valer dele. O artista que não deseja licenciar suas obras valendo-se de uma licença Creative Commons pode elaborar sua própria licença pública geral (se assim desejar) ou simplesmente celebrar outras modalidades de contratos que sejam mais adequadas a seus interesses.

Por isso, não há qualquer relevância na crítica de que os termos da licença são inegociáveis, como se dá nos contratos de adesão. Diversos são os contratos celebrados diariamente cujas cláusulas simplesmente não podem ser negociadas. Alguns exemplos são os contratos de transporte público, de serviços bancários, de serviço telefônico e de acesso à internet. E, apesar de terem um impacto muito mais profundo nas relações sociais, já que tratam quase sempre de serviços essenciais do tempo presente, nem por isso são proibidos por nosso ordenamento jurídico. Uma vez que as licenças Creative Commons não estão vinculadas a qualquer obrigação de contratar, devem ser utilizadas apenas por quem as conheça, por aqueles que delas querem se valer e com cujos termos estejam de acordo.

d) Aqueles que utilizam licenças Creative Commons em suas obras não podem mais explorar as obras licenciadas comercialmente.

Essa afirmação jamais foi verdadeira. A depender da licença escolhida, é possível que a terceiros seja conferido o direito de explorar comercialmente a obra licenciada. Essa permissão existe em todas as licenças em que não haja vedação de exploração comercial, ou seja, nas seguintes licenças: BY; BY--ND; BY-SA. Em todo caso, ainda que terceiro possa explorar economicamente a obra licenciada – diga-se, por vontade expressa do autor –, este *sempre* poderá explorá-la economicamente também. O que haverá, neste caso, é uma repartição de competências, não uma substituição do titular do direito. Em outras palavras: todo mundo poderá explorar a obra economicamente, inclusive aquele que a licenciou.

A situação é, portanto, bem diferente de quando há cessão de direitos autorais. Na cessão, o autor transfere a terceiro o direito de explorar sua obra economicamente, quer com relação a alguma das modalidades de exploração (cessão parcial), quer com relação a todas (cessão total). Contratos de cessão sempre foram muito comuns, por exemplo, entre músicos e gravadoras, de modo que o músico, autor da obra explorada economicamente, não raras vezes fica desprovido – aí, sim – de seus direitos de exploração econômica da obra.

Essa situação tem levado, inclusive, a ações judiciais em que músicos desejam reaver seus direitos, anteriormente cedidos às gravadoras. Um dos exemplos mais notórios foi a disputa judicial entre Roberto Carlos e Erasmo Carlos e a EMI, detentora dos direitos de canções como *Amor perfeito*, *Como é grande meu amor por você* e *É proibido fumar*,[49] que resultou na reaquisição dos direitos por parte dos músicos.

Em suma: não existe qualquer sentido em afirmar que o autor não pode explorar economicamente sua própria obra licenciada em Creative Commons. Se ele permitir, outros poderão também se valer dessa faculdade. Se não permitir, a exploração econômica caberá exclusivamente a ele, como prevê, a propósito, a LDA.

Uma das características mais importantes e interessantes do Creative Commons é justamente permitir a conjugação da ampliação das possibilidades de acesso da obra com sua ex-

---

49 Mais detalhes sobre a ação judicial podem ser encontrados em Branco (2011), que pode ser livremente acessado aqui: <http://bibliotecadigital.fgv.br/dspace/handle/10438/9137>.

ploração comercial. Basta pensar no exemplo deste livro. Ele é licenciado em Creative Commons e qualquer pessoa pode utilizá-lo e distribuí-lo nos termos da licença. No entanto, ele também é vendido comercialmente por nossa editora, que recolhe normalmente os direitos autorais e paga a parcela definida contratualmente para nós, autores. Como utilizamos uma licença que veda o uso comercial, outras editoras comerciais que queiram editar ou reproduzir este livro devem entrar em contato conosco, autores, e com nossa editora, tal como um livro que não utiliza o modelo de licenciamento Creative Commons. Isso mostra que é possível efetivamente conjugar a exploração comercial da obra, ao mesmo tempo que se permite sua ampla divulgação, no caso deste livro, para fins não comerciais e respeitadas as demais condições da licença que adotamos para ele.

e) As obras licenciadas em Creative Commons estão a serviço dos grandes conglomerados da internet, como Google, Facebook, Microsoft. São eles que verdadeiramente lucram com as obras licenciadas, já que os artistas que as criam normalmente não ganham nada com seu licenciamento.

Quando o direito autoral surgiu nos moldes como o conhecemos hoje, entre os séculos XVIII e XIX, um de seus principais fundamentos era permitir que autores fossem remunerados de modo que pudessem continuar a criar. Como as obras intelectuais nem sempre dependem do suporte onde se encontram, se qualquer texto (por exemplo) que fosse publicado pudesse ser copiado livremente, o autor não seria remunerado de maneira adequada. Sem a remuneração, precisaria se dedicar a outro ofício para pagar suas contas. Trabalhando em outro ofício, não criaria mais nada. E estaríamos diante do apocalíptico cenário de que sem direito autoral a cultura estaria morta e enterrada.

Se esse raciocínio conta com algum fundamento, não pode contudo ser tomado de maneira absoluta. A razão é certamente óbvia: não é todo mundo que cria pensando em ganhar dinheiro. Se o direito autoral (e a remuneração que ele alegadamente garante) fosse indispensável, então toda a produção cultural humana teria surgido, na melhor das hipóteses, a partir do final do século XVIII. Até então, não havia qualquer proteção ao autor e qualquer lei nesse sentido se prestava de fato a proteger o investimento dos editores. A se considerar a hipótese correta, portanto, Sófocles, Platão, Sócrates, Aristóteles, Santo Agostinho, Boccaccio, Shakespeare, Milton e tantos outros não teriam escrito suas obras-primas antes de contarem com a proteção dos direitos autorais. E, é claro, a Wikipedia também não existiria.

Por isso, nem se venha a argumentar que os autores estariam abrindo mão de seus direitos patrimoniais no sentido mais estrito do termo. As obras livres não gerariam lucros diretos a partir de seu licenciamento (uma das formas clássicas de remuneração dos autores), mas nem por isso deve-se acreditar que não seriam bem aceitas. Veja-se, a esse respeito:

O fato de que homens talentosos como Benjamin Franklin nunca se sentiram estimulados pela perspectiva de retorno material por suas descobertas sempre foi levado em conta no debate sobre os direitos de propriedade intelectual. O historiador Thomas Macauly, por exemplo, que defendia os direitos segundo os princípios clássicos, era obrigado a fazer ressalvas quando mencionava a contribuição que os ricos davam para a criação de obras e inventos: "Os ricos e os nobres não são levados ao exercício intelectual pela necessidade. Eles podem ser movidos para a prática intelectual pelo desejo de se distinguirem ou pelo desejo de auxiliar a comunidade. Pintores importantes como Rembrandt, Van Gogh e Gauguin morreram na pobreza e sem reconhecimento, assim como músicos como Mozart e Schubert e um escritor como Kafka, embora nunca tenha sido verdadeiramente pobre, não chegou a ser reconhecido em vida. Será que a falta de perspectiva de recompensa material em algum momento impediu que eles se dedicassem à música, à pintura ou à literatura? Será que não tinham outro tipo de motivação – a expectativa do reconhecimento póstumo, o simples amor pela sua arte?"[50]

Quando Clay Shirky comenta as agora velhas páginas *Geocities*, que tinham *layout* de gosto bastante duvidoso, afirma que foram um enorme sucesso na virada do século XX porque representaram a primeira ferramenta verdadeiramente difundida onde qualquer pessoa poderia postar informações pessoais:

Eu estava certo quanto à qualidade da página média criada no Geocities, mas estava redondamente enganado em relação à aceitação do *site*, que logo se tornou um dos mais populares de sua época. O que eu não tinha entendido era que a qualidade do design não era a única medida para uma página na *web*. Páginas da *web* não têm apenas qualidade: têm qualidades, no plural. Clareza de *design* é, sem dúvida, bom, mas outras qualidades, como a satisfação de fazer algo por conta própria ou de aprender enquanto se faz, podem ser mais valorizadas. Ninguém quer um *design* ruim de propósito – o que acontece é que muitas pessoas não são boas designers, mas isso não as impedirá de criar coisas por conta própria. Criar algo pessoal, mesmo de qualidade média, tem um tipo de apelo diferente do

---

50   Disponível em: <www.eletronicbrasil.com.br/inc/copyleft.asp>.

que consumir algo feito pelos outros, mesmo algo que seja excelente. Eu me enganei em relação ao Geocities porque acreditei que amadores jamais iriam querer fazer algo além de consumir. (Foi a última vez que cometi esse erro). (Shirky, 2011:73)

Ainda sobre o tema, o autor pondera, ao tratar de pessoas que compartilham textos ou vídeos não serem remuneradas por isso enquanto YouTube e Facebook, por exemplo, são:

Curiosamente, as pessoas mais afetadas por esse estado de negócios não parecem estar tão terrivelmente indignadas com isso. Quem compartilha fotos, vídeos e textos não espera ser pago, mas compartilha mesmo assim. As queixas quanto à divisão digital meeira [donos da plataforma recebem o dinheiro e os criadores de conteúdo, não] surgem, em parte, por ciúme profissional – sem dúvida, os produtores profissionais de mídia se irritam com a competição dos amadores. Mas existe outra explicação mais profunda: estamos usando um conceito proveniente da mídia profissional para nos referirmos aos comportamentos amadores, mas as motivações dos amadores são diferentes das dos profissionais. (Shirky, 2011:55)

A questão central parece residir mesmo na "motivação". Quando alguém licencia uma obra em Creative Commons (ou a torna disponível em um site sem sequer se importar com a maneira como vai ser usada), sua principal motivação não é ganhar dinheiro nem, muitas vezes, se tornar um artista profissional. Muito comum é desejar que a obra seja vista, lida, ouvida, encenada, copiada, remixada, divulgada, difundida. O fato de o artista adicionalmente se remunerar pode ser secundário. Tanto quanto o fato de o Google ou o Facebook estar fazendo dinheiro à custa de sua obra.

Afinal, mesmo nesta situação, existe uma troca que não é nem gratuita, nem ingênua: Google ou Facebook (ou qualquer outro site) fornece a plataforma para a divulgação da obra, o que pode ser o mais importante (e, talvez, a única coisa desejável) para determinado artista, enquanto este permite o livre acesso de sua obra na plataforma da internet. Quanto mais obras disponíveis, maior o tráfego em determinado site — o que naturalmente aumenta seu valor. Finalmente, ganha a sociedade na medida em que tem um número maior de obras culturais à escolha.

Por outro lado, numa situação em que a obra está protegida por direitos autorais, nem sempre ganha o autor ou a sociedade. Aqui cabe também fazermos uma consideração bastante interessante.

Em 2010, a Argentina aprovou uma lei que prorrogava o prazo de proteção às obras fonográficas de 50 para 70 anos.[51] Uma das justificativas era o iminente ingresso em domínio público de um LP da cantora Mercedes Sosa, gravado em 1961 e que, portanto, entraria em domínio público no início de 2012.

Ocorre que, segundo noticiado pela imprensa, o LP se encontrava fora de catálogo havia 48 anos, de modo que a prorrogação, sem que se impusesse qualquer obrigação aos titulares dos direitos, nada mais seria do que uma extensão no prazo contratual em benefício de apenas uma das partes.[52]

---

51 Quanto ao fenômeno corrente e generalizado do aumento de prazos, Yochai Benkler comenta a pouco plausível cena de um produtor de filmes explicando seu projeto a determinados investidores e dizendo: "não vamos ganhar muito dinheiro com os primeiros 75 anos de proteção que a lei nos confere, mas o Congresso tem tradicionalmente aumentado os prazos de proteção, e se o Congresso estender o prazo para 95 anos, então vamos fazer uma fortuna!". Benkler (2003:199, tradução livre)
52 Disponível em: <http://www.pagina12.com.ar/diario/suplementos/espectaculos/3-17022-2010-02-21.html>.

Ou seja, nem sempre a proteção significa, de fato, resguardar os interesses econômicos, ou de acesso, de quem quer que seja. Muitas vezes perde o artista (ou perdem seus herdeiros) e perde o público.

f) Não se sabe quem são os "acionistas" ou "donos" do Creative Commons, nem qual o endereço da entidade.

Basta uma rápida olhada na página principal do site americano do projeto Creative Commons (<http://creativecommons.org/about>) para que estas questões (muitas vezes propostas de maneira sensacionalista) sejam facilmente respondidas.

Criada no estado norte-americano de Massachusetts, a Creative Commons Corporation é uma associação beneficente que disponibiliza em seu site cópias de seu ato constitutivo,[53] de seu estatuto social atualizado,[54] de demonstrativos financeiros devidamente auditados[55] e da lista de membros do Conselho de Administração, com foto e currículo de cada um deles,[56] entre outros documentos. Nem sempre é comum encontrar, nos Estados Unidos ou no Brasil, entidades que trabalham com a mesma transparência.

Por se tratar de uma entidade sem fins lucrativos, é claro que não tem "acionistas" ou "quotistas", que são figuras típicas de sociedades empresárias (com fins lucrativos, portanto). O Creative Commons tem um conselho diretor (*board*) cujos nomes de todos os integrantes encontram-se também no site.

Ainda que fosse suficiente uma pesquisa bastante rápida no site Creative Commons para que se tenha acesso a tais infor-

---

53 Disponível em: <http://ibiblio.org/cccr/docs/articles.pdf>. Acesso em: 29 abr. 2012.
54 Disponível em: <http://ibiblio.org/cccr/docs/bylaws.pdf>. Acesso em: 29 abr. 2012.
55 Disponível em: <http://ibiblio.org/cccr/docs/audit.pdf>. Acesso em: 29 abr. 2012.
56 Disponível em: <http://creativecommons.org/board>. Acesso em: 29 abr. 2012.

mações, é muito importante que as pessoas, de modo geral, se preocupem com o nível de transparência prestado por instituições que, mesmo sem fins lucrativos, se valem de dinheiro de terceiros para sua manutenção. O Creative Commons, como vimos, se sustenta por meio de doações, então nada mais justo do que disponibilizar as informações a esse respeito, que podem ser facilmente encontradas. Como visto, como entidade beneficente autorizada a receber doações, o Creative Commons é proibido pela lei norte-americana de realizar qualquer tipo de propaganda política ou exercer qualquer influência sobre o processo legislativo (*lobbying*) como parte de suas atividades.

g) O Creative Commons não responde no caso de alguém entender que o uso de uma de suas licenças foi responsável por gerar prejuízos ao autor da obra licenciada.

Voltamos, aqui, a uma explicação anterior. O site Creative Commons disponibiliza textos de licenças, mas não presta consultoria jurídica nem se responsabiliza por seu uso. E não poderia ser diferente. O que o site faz é, tão somente, dar aos interessados os textos de licenças-padrão, para que o interessado faça uso do modelo mais adequado, vinculando-o à sua obra, para que esta seja licenciada. Querer responsabilizar o site por algum prejuízo decorrente do uso de licença é como querer processar o autor de um livro com modelos de contratos porque alguém usou um dos contratos e não ficou satisfeito com o resultado.

As licenças Creative Commons são genéricas e é aí que reside o sucesso da iniciativa. Para qualquer uso mais personalizado, para qualquer adaptação necessária para ajustar os interesses do autor, um advogado deve ser contratado, a fim de que redija com precisão os termos de uma nova licença, mais adequada às expectativas do artista.

h) Autores novos são prejudicados no licenciamento de suas obras em Creative Commons em razão da sua pouca experiência, porque as licenças são irrevogáveis e porque não vão ganhar dinheiro com a execução da obra.

Enquanto vigorou, ao longo do século XX, o mecanismo de publicação e execução de obras artísticas definidas exclusivamente pela indústria tradicional, só havia uma forma de um artista se fazer ouvir (ou ler, ou ver): ser eleito por uma gravadora (ou editora, ou produtora). Com a internet, todos passaram a poder fazer e divulgar suas próprias obras e isso certamente aumentou a concorrência.

Pense em quando você era criança. Se você tem mais de 30 anos hoje, ainda se lembra de como havia um número limitado de CDs, livros e filmes à sua disposição. Hoje, o número parece infinito (embora não seja, é certamente maior do que qualquer vida humana seria capaz de comportar – por isso, é infinito para efeitos práticos). Com a concorrência, alguns riscos devem ser tomados e concessões precisam ser feitas. Talvez o licenciamento de obras na internet seja o primeiro passo para se fazer ouvir no meio da multidão. No próximo capítulo, veremos alguns casos de sucesso de artistas que licenciaram suas obras em Creative Commons. Mas essa é uma escolha que depende exclusivamente do interesse do autor.

A pouca experiência em negociação, por outro lado, nunca foi desculpa para a celebração de contratos – quer de cessão, quer de licença. Além disso, o Creative Commons jamais priva o autor de seus direitos – apenas compartilha alguns de seus direitos com a sociedade. Já um contrato de cessão – usualmente celebrado com a indústria tradicional – tem por consequência transferir direitos de um autor para terceiro. Nesse caso, o autor fica desprovido de um ou mais de seus direitos.

Nenhum dos dois modelos é essencialmente bom ou ruim. Depende apenas dos interesses – e, já o dissemos, da motivação – que estão em jogo.

Por isso é que não concordamos com Simone Lahorgue Nunes (2011:117), quando a autora afirma:

> Não obstante a convicção pessoal de que a existência de um sistema de proteção ao uso indevido das criações intelectuais é indispensável para o desenvolvimento desse mercado, inúmeras são as posições contrárias e é preciso que se diga que ambas não restaram até a presente data suficientemente comprovadas. Como já referido, alguns estudos foram realizados, mas, em face da diversidade de elementos a serem considerados e a frequente fragilidade de suas conclusões, acabam os mesmos sendo sempre contestados pelo grupo que defende a posição contrária.

Mas é necessário mesmo haver um único grupo vencedor? Talvez não se tenha ainda comprovado suficientemente qualquer das opiniões simplesmente porque isso é impossível. Ambas as correntes podem estar corretas, dependendo apenas do motivo por que se deseja publicar certa obra.

i) Processos judiciais colocam em dúvida a eficácia das licenças Creative Commons.

Algumas ações judiciais envolvendo as licenças Creative Commons já foram propostas em países diversos. No entanto, seu número é baixo e todas são relevantes para explicar de maneira ainda mais clara a extensão do licenciamento. Vamos tratar dos três principais casos ocorridos até o momento.

O primeiro questionamento judicial de uma licença Creative Commons se deu em 2006, na Holanda. Adam Curry, ex--VJ da MTV e personalidade da internet, usava sua página do site Flickr para armazenar fotos que podiam ser acessadas por terceiros. Quatro das fotos, licenciadas em Creative Commons na modalidade BY-NC-SA, foram publicadas pelo periódico holandês *Weekend* – ou seja, havia fim lucrativo na utilização, o que violava os termos da licença escolhida.

Além disso, como as fotos estampavam membros da família de Curry, este processou o jornal não apenas por violação de direitos autorais, mas também por violação de privacidade.

O tribunal holandês entendeu que Curry tinha razão, de modo que ficaram caracterizadas (*i*) a validade da licença Creative Commons e (*ii*) a vinculação de terceiros aos termos de licenciamento escolhidos pelo autor.[57]

Também em 2006 uma ação envolvendo as licenças Creative Commons foi proposta na Espanha. Dessa vez, não se tratava de discutir se os termos da licença eram válidos e vinculantes. A disputa versava sobre o direito de a entidade espanhola de gestão coletiva cobrar pela execução pública de músicas em uma casa noturna.

Vamos entender o caso. Como é muito difícil para os músicos cobrarem pessoalmente pela execução de suas obras (como seria possível uma única pessoa autorizar cada interessado em usar sua música e fiscalizar a atuação em todo o território nacional?), é comum que se reúnam em associações para que estas atuem em seu nome, de modo a garantir o exercício de seu direito. Assim, as associações deverão cobrar daqueles que usam as obras musicais publicamente e repassar o dinheiro arrecadado aos diversos titulares (autores, intérpretes, músicos, gravadoras etc.). A isso se denomina gestão coletiva.

---

57   Outras informações podem ser encontradas aqui: <https://creativecommons.org/weblog/entry/5823>.

O responsável pela gestão coletiva na Espanha se chama Sociedad General de Autores y Editores, ou simplesmente SGAE. Sua atribuição é semelhante à do Ecad[58] no Brasil.

Em 2006, a SGAE propôs uma ação judicial contra a Metropol, uma casa noturna na cidade de Badajoz, alegando a falta de pagamento de quase 5 mil euros supostamente devidos à entidade de gestão coletiva por execução pública de música.

No entanto, Ricardo Andrés Utrera Fernández, dono da Metropol, provou que os direitos das músicas que executava não eram geridos pela SGAE. Afinal, tratava-se de obras licenciadas em Creative Commons por meio de licenças que autorizavam a execução pública em casas como a Metropol. Assim, não seria da competência da SGAE fazer recolhimento de direitos autorais em uma situação assim, já que não poderia repassar a seus verdadeiros titulares (que haviam dispensado a remuneração pela execução pública ao licenciar suas obras naquela modalidade específica da licença).

Se a SGAE fizesse o recolhimento e distribuísse a outros autores, intérpretes, editoras e demais integrantes de seus quadros associativos, estaria lhes proporcionando enriquecimento sem causa, à custa de um pagamento indevido à sociedade arrecadadora. Por tudo isso, a decisão judicial foi favorável a Ricardo Andrés.[59]

A propósito, esta é uma maneira legítima de não precisar pagar direitos autorais na execução pública de músicas: valer-se integralmente de obras licenciadas em Creative Com-

---

58   O Ecad é uma entidade sem fins lucrativos que exerce por meio de um monopólio legal o direito de cobrar de quem executa música publicamente valores que devem ser repassados aos autores, intérpretes, músicos e gravadoras, entre outros. Maiores detalhes podem ser encontrados no site do órgão, cujo endereço é: <www.ecad.org.br>.
59   A decisão original pode ser consultada aqui: <www.internautas.org/archivos/sentencia_metropoli.pdf>.

mons. Somente há que se ter cuidado em verificar se a licença atribuída às obras permite o uso que a elas se pretende dar.

Um terceiro caso judicial envolvendo as licenças Creative Commons é falsamente apontado como exemplo da falibilidade do sistema de licenciamento.

Em 2007, a companhia de telecomunicações Virgin Mobile lançou na Austrália uma campanha promocional para seu serviço de mensagens instantâneas valendo-se de fotos de amadores que haviam sido postadas no site de fotografias Flickr. Uma das fotos, de Justin Ho-Wee Wong, mostrava a jovem Alison Chang, então com 15 anos, e havia sido licenciada nos termos da licença CC-BY, a mais liberal entre os modelos do Creative Commons. Preservado o direito moral de ter seu nome indicado como autor da foto, seu titular permite tanto obras derivadas quanto a exploração econômica de seu trabalho.

Fiando-se exclusivamente na liberação dos direitos autorais por parte de Justin Wong, a Virgin Mobile simplesmente ignorou que uma fotografia que retrate um ser humano abarca igualmente o direito de imagem do retratado. E se Justin Wong havia dispensado seus direitos patrimoniais *de autor da foto*, não deu o mesmo destino ao direito de imagem de Alison, até porque sequer poderia fazê-lo. Além disso, não há nada nas licenças Cretive Commons que induza a imaginar que o direito de imagem segue a reboque do direito autoral. A constatação é mesmo intuitiva.

Imagine um mundo ainda sem internet, onde as fotografias são feitas com o uso de filmes e a revelação de negativos. Imagine agora que um fotógrafo vai para a rua e ao longo de uma tarde fotografe 20 ou 30 pessoas. Mesmo que o fotógrafo posteriormente autorize o uso de seu trabalho em uma revista ou em um filme publicitário, o direito de imagem das pessoas fotografadas, por ser autônomo, precisa também ser negociado por aquele que pretende dar publicidade às fotos. A regra é a mesma dentro ou fora do mundo digital.

É por isso que este caso não trata de direitos autorais, mas sim de direito de personalidade (gênero a que o direito de imagem pertence, e que nada tem que ver com direitos autorais senão pela proximidade factual – muitas obras protegidas por direitos autorais retratam pessoas, titulares de direito de imagem). Não há como se atribuir a falha da Virgin Mobile na utilização da foto ao licenciamento da obra em Creative Commons. Qualquer uso que extrapole o limite da licença (usar com fins lucrativos quando a licença veda essa utilização, por exemplo) é ilícito, tanto quanto dispor de direitos que não estão sendo abrangidos pela licença, que trata apenas de direitos autorais, não de direitos de personalidade – sobretudo quando os interesses de uma menor de idade estão presentes.

De toda forma, o caso foi extinto por uma questão processual, não tendo sido apreciado o mérito do pedido da adolescente.

Considerando-se que as licenças Creative Commons existem há quase uma década e que o número total de obras licenciadas ultrapassa 500 milhões, verifica-se que o total de ações judiciais propostas envolvendo o Creative Commons é bastante baixo. No Brasil, não se tem conhecimento de nenhuma.

Finalmente, uma última observação quanto às críticas apontadas. Como é evidente, as licenças Creative Commons são uma possibilidade, nunca uma obrigação. Ninguém é obrigado a licenciar obras em Creative Commons. Por isso, quem não quiser delas se valer, pode muito bem se ater às regras constantes da LDA e de todo o sistema de direitos autorais que já existe. Parece simples. E é.

Ainda que o Creative Commons seja um sistema passível de críticas, possibilita o uso de obras alheias sem o risco de violação de direitos autorais. Além disso, incentiva a criação intelectual e permite que o mundo globalizado trabalhe de maneira mais solidária.

Por todo o exposto neste capítulo, verifica-se que as licenças públicas não são um mecanismo de escape aos princípios construídos por nosso ordenamento jurídico. Pelo contrário. Sua observância é necessária para não se incorrer em ato ilícito por não ter havido autorização expressa por parte do autor. A LDA continua eficaz em meio ao Creative Commons. O que se tem, no entanto, é a garantia de se poder usar a obra alheia dentro das autorizações concedidas.

Pelos exemplos dados, vê-se que as licenças públicas são instrumentos jurídicos que podem ajudar a difundir a cultura e permitir a expressão nos mais diversos campos sem, contudo, ferir os direitos autorais de terceiros.

Capítulo 3

Para que servem as licenças Creative Commons?

Milhões de obras licenciadas

As licenças Creative Commons servem como base para diversos projetos de sucesso. Música, cinema, artes plásticas, literatura e muitas outras formas de criação e distribuição de conhecimento na internet podem se beneficiar delas. Em uma sociedade interconectada, em que o compartilhamento é a chave da comunicação, uma arquitetura legal que permita que isso se processe rapidamente é essencial. A liberdade que proporcionam as licenças CC é fundamental para a construção de serviços que pretendam utilizar plenamente a capacidade da internet. Com o Creative Commons, projetos de diversas categorias prosperam e o estudo desses casos mostra como cada tipo de licença se adequa a objetivos distintos.

Estima-se que, hoje, o número de obras licenciadas ultrapasse 500 milhões.[60] Isso significa que os interessados podem

---

60 Disponível em: <http://www.wired.co.uk/news/archive/2011-12/13/creative-commons-101>.

ter acesso a esse número extraordinário de obras para usá-las nos termos da autorização conferida pelo autor. No mínimo, a cópia integral para uso privado é garantida. Mas, a depender dos termos da licença, mais ampla pode ser a autorização – incluindo-se, aí, a possibilidade de fazer obras derivadas ou de explorar a obra original economicamente.

Vejamos agora exemplos de obras licenciadas em diversas categorias da indústria cultural.

- ■ a) Música

Na música, a nova regra é cortar os intermediários. Um sistema que era dominado por gravadoras e empresários gradativamente transformou-se e se adequou a um novo modelo de negócio que é fruto das novas tecnologias. Atualmente, gravar, publicar e compartilhar a produção musical na internet não é mais um processo tecnicamente intrincado. Uma nova indústria da música, baseada em *likes* e *shares*, se avoluma – e o panorama dos direitos autorais precisa adaptar-se a essa nova organização.

Mikko I. Mustonen (2010), em seu estudo *Economics of Creative Commons*, confirma o potencial que tais licenças têm de transformar o funcionamento do mercado musical. O artigo é um estudo dos lucros de artistas e produtoras levando-se em conta a utilização do licenciamento aberto. Segundo o autor, quando são utilizadas licenças Creative Commons, seu efeito é ambíguo: por um lado, aumenta o excedente dos consumidores e artistas, por outro, diminui o das produtoras. Esta é exatamente a inversão que se desenvolve atualmente: uma valorização de artistas, especialmente os iniciantes, com maior proximidade entre eles e os consumidores e o consequente abandono gradual de um sistema intermediário que escolhe qual música chegará ao consumidor final, em condições nem sempre favoráveis ao artista.

Esse movimento se consubstancia em uma série de histórias de sucesso. Foi, por exemplo, o que permitiu ao músico Jonathan Coulton atingir um número de fãs e uma lucratividade muito maiores do que imaginara possível quando associado a gravadoras tradicionais. Ele declara em seu site (<jonathancoulton.com>) que o *Creative Commons* é a ideia mais poderosa que já ouvi desde que me contaram que haveria uma continuação de Star Wars. Todo mundo deveria ler o livro *Cultura Livre*, de Lawrence Lessig... As coisas que ele diz fazem muito sentido".[61] Utilizando as licenças CC-BY-NC 3.0, Coulton começou em 2005 a disponibilizar suas músicas para audição via *streaming*, vendendo o *download* de *singles* e álbuns inteiros a preços acessíveis (um álbum custa em média US$ 10) — às vezes, disponibilizando a música para *download* gratuito. A iniciativa deu resultado: em cinco anos, Coulton conseguiu atingir impressionantes US$ 500 mil em vendas anuais. (Masnick, 2011)

Semelhante à CC-BY-NC, a licença CC-BY-NC-SA compreende todas as permissões e limitações da primeira, com a exigência adicional do elemento *share alike* (ou compartilhamento pela mesma licença). Pode, portanto, quem utilizar o conteúdo assim licenciado modificá-lo (fazer *remix*) e compartilhá-lo (*share*) livremente, desde que dê crédito ao autor (*attribution*), não utilize o material para fins econômicos (*noncommercial*) e o compartilhe pela mesma licença (*share alike*).

É também o modelo de licenciamento da BeatPick, empresa especializada em licenciar músicas para a utilização em televisão, cinema, jogos eletrônicos, propagandas e uma série de outras possibilidades. As faixas podem ser ouvidas on-line

---

61 Disponível em: <http://www.jonathancoulton.com/faq/#CC>. Tradução livre.

por *streaming* e, em alguns casos, baixadas sob a licença CC-
-BY-NC-SA. Caso o usuário decida que vai utilizar a música
em uma dada produção a que se dará fins comerciais, deve
contatar a BeatPick para a confecção de uma licença específica que permita o uso comercial. Percebe-se, aqui, a conjugação de licenças gerais Creative Commons com licenças
desenhadas pelo próprio licenciante, o que é absolutamente
legítimo.

A opção pela licença CC-BY-NC-SA deveu-se ao equilíbrio
por ela proporcionado entre o interesse econômico do autor e
a necessidade de proliferação e promoção da música na internet. De fato, às músicas disponíveis na BeatPick não se pode
dar utilização comercial – para fazê-lo, recomenda-se a utilização de licenciamento específico oferecido pela empresa, e
que pode resultar em ganho econômico ao artista de 50 a 20
mil euros além do que for recolhido pela entidade de arrecadação de direitos autorais do seu país. Se um cliente pretende
obter o *download* da música apenas para uso pessoal, a forma
de fazê-lo é pela compra do álbum a um preço razoável. O
licenciamento em Creative Commons entra em jogo quando
há a necessidade de atender à demanda de entidades sem fins
lucrativos e projetos sociais não governamentais que pretendam utilizar a música. Nesses casos, a BeatPick utiliza a licença CC-BY-NC-SA para dar a permissão desejada.

Tem-se, aqui, um ótimo exemplo da possibilidade de coordenação entre o licenciamento aberto e fechado em um modelo comercial. Segundo declaração no site,

> esses usos não comerciais simplesmente não ocorreriam, ou
> pior, ocorreriam ilegalmente no atual mercado musical. Portan-
> to, consideramos ser melhor encorajarmos a atribuição devi-

da à autoria e nos adaptarmos a essas situações, que podem tornar-se oportunidades econômicas no futuro... Essa licença *Creative Commons* não permite o uso comercial gratuito, e nós tentamos identificar o uso indevido da música. Assim, por um lado promovemos o nome ou marca, enquanto por outro ganhamos dinheiro com a música.[62]

Mesmo que se utilize de um modelo de negócio relativamente recente, a empresa é de tamanho considerável. Com mais de 3 mil faixas em seu acervo, já teve em sua clientela grandes marcas, como 20th Century Fox, Mercedes, Samsung, PlayStation e até o governo italiano.

A estrutura da BeatPick assume que a melhor forma de proteger o artista é fornecer um grau controlado de liberdade ao consumidor: ainda que seja possível ouvir gratuitamente a música por *streaming* e, para alguns usos, obtê-la gratuitamente, o *download* deve ser pago na maioria dos casos.

Um uso alternativo da licença CC-BY-NC-SA foi testado por Trent Reznor, da banda Nine Inch Nails. Seus dois álbuns mais recentes, *The slip* e *Ghosts I-IV*, foram disponibilizados para *download* gratuito sob essa licença. Ambos mantiveram a venda de cópias físicas, porém apenas *Ghosts I-IV* teve venda de cópias digitais, e foi o álbum digital mais vendido de 2008 no site da Amazon. (Benenson, 2009) Desde 2007, Reznor estava desligado de gravadoras e tornara-se músico independente. Suas iniciativas de distribuição gratuita de música não começaram com os dois álbuns: antes, já havia feito "caças ao tesouro" com seus fãs pela internet e em shows por músicas inéditas. (Paoletta, 2007)

---

62   Disponível em: <http://beatpick.com/intro/faq#creative_commons>.

Peter Troxler (2009) explica o sucesso de vendas de Reznor e de outros artistas em um contexto de distribuição gratuita sob a ótica do modelo CwF + RtB = TBM, exposto por Mike Masnick (2009). Seria esse novo modelo de negócios baseado na proximidade com os fãs (CwF, ou *Connect with Fans*) e na razão para a compra (RtB, *Reason to Buy*).

Ainda que o RtB estivesse de certa forma presente no antigo modelo centralizado nas gravadoras, o elemento CwF encontra seu máximo potencial nas ferramentas de comunicação e compartilhamento proporcionadas pela internet, que são o fator-chave para o modelo proposto. O sucesso é patente: em apenas uma semana, o álbum *Ghosts I-IV* havia atingido cerca US$ 1,6 milhão em vendas. Comentando esse modo de comercializar sua música, Trent Reznor afirmou que a

> mídia do CD é antiquada e irrelevante. O que as pessoas querem é, na verdade, um óbvio ululante — música livre de DRM [*Digital Rights Management*, termo que abarca diversas tecnologias de controle de acesso] que eles possam usar como bem entenderem. Se a indústria gananciosa de gravadoras abraçasse esse conceito, acredito realmente que as pessoas pagariam pela música e consumiriam ainda mais. (Mackintosh, 2007, tradução livre)

O modelo CwF RtB é usado, às vezes não intencionalmente, por muitos artistas de renome que têm sua base de operações na internet (Masnick, 2010). Nem todos utilizam o Creative Commons para licenciar o conteúdo que eventualmente disponibilizem gratuitamente, porém as licenças atendem à necessidade dos que as utilizam.

Quando o objetivo é aproximar-se dos fãs, o Creative Commons se adequa perfeitamente a ferramentas de *crowdfun-*

ding[63] e ao compartilhamento inerente à estrutura da rede para facilitar a troca entre o artista e o público. Além disso, é uma forma de tornar economicamente viável um empreendimento que, se exposto ao modelo antiquado de centralização pelas gravadoras, não seria rentável. Para artistas que iniciam sua carreira, o reconhecimento e a construção de uma base de fãs pode ser mais importante do que os *royalties* de suas canções ou a venda de CDs, porque muitos obtêm sua renda majoritariamente de shows.

Robert Davidson comenta o uso do Creative Commons para a distribuição digital de música:

> A estrutura aberta serve à Topology porque a venda de álbuns não é tão importante para nós quanto a promoção do que fazemos. Realmente, parece haver um nexo causal entre o uso de abordagens de abertura... e termos ficado mais conhecidos, ainda que seja complicado ter certeza disso. No meu caso, especificamente, definitivamente houve um aumento em minha renda de performances internacionais da minha música desde que deixei de lado as editoras e comecei a disponibilizar músicas de graça.[64]

Davidson é músico e membro da Topology, grupo de música instrumental experimental que em 2008 disponibilizou seu álbum *Perpetual motion* para *download* sob a licença CC-BY--NC-SA 2.5.

Além de Davidson, há muitos exemplos de usos economicamente sustentáveis das licenças Creative Commons. Chris-

---

63 O *crowdfunding*, ou financiamento coletivo ou colaborativo, é uma forma de obtenção de capital baseado em múltiplas fontes de financiamento. Geralmente, é realizado para o financiamento de um projeto de interesse coletivo por meio de ferramentas da internet, como o site *Kickstarter* (<www.kickstarter.com/>) ou o brasileiro Queremos (<http://queremos.com.br/>).
64 Disponível em: <http://wiki.creativecommons.org/Case_Studies/Topology>. Tradução livre.

topher Willits, músico de São Francisco (EUA), usa a licença CC-BY-NC para permitir que seus fãs baixem, ouçam e compartilhem sua música livremente, e comenta que usa o licenciamento aberto para anunciar que "todos podem ouvir e compartilhar minha música de graça e como quiserem... mas, quando forem lucrar com elas... precisam me pagar".[65] Além disso, qualquer um pode modificar e compartilhar as obras derivadas com a comunidade, enriquecendo ainda mais o ambiente musical em que Willits se insere.

Monk Turner, também músico, tem a mesma visão sobre o compartilhamento e elogia o Creative Commons por lhe dar "a habilidade de distribuir álbuns livremente para qualquer pessoa no mundo sem a necessidade de um distribuidor e sem me preocupar com a possibilidade de alguém usar as músicas para algum fim que eu não autorize". (Parkins, 2008, tradução livre) Para isso, utiliza uma licença CC-BY-NC-ND, que tem o elemento *No Derivative*: são vedadas obras derivadas, mas o *download* e o compartilhamento são livres.

Ainda tratando de música, agora no contexto brasileiro, há o álbum *Metá-Metá* (2011), de Juçara Marçal, Thiago França e Kiko Dinucci, que foi disponibilizado para audição on-line via o aplicativo Bagagem e para *download* em MP3. O álbum foi muito bem recebido pela crítica (Araújo, 2008), e o retorno em vendas e shows refletiu seu sucesso, como afirmou Danucci em entrevista:

> [f]oi importante botar o selo no site, deixou as pessoas à vontade para baixar e compartilhar, para os blogs espalharem a minha arte. Minha arte foi nitidamente espalhada, meu público aumentou com isso. Fiz um show em Brasília na semana passa-

---

65   Disponível em: <http://wiki.creativecommons.org/Christopher_Willits>. Tradução livre.

da e a maioria do público cantava as músicas, vendi CD depois do show muito mais do que venderia em lojas, pra mim está tudo certo. A música grátis é o meu veículo, é minha rádio.[66]

O Creative Commons vai além da música. A lista de produções audiovisuais licenciadas em Creative Commons é extensa, com vários sites que são verdadeiros bancos de vídeos dos mais variados gêneros e algumas produções de grande porte e destaque.

- ■ b) Obras audiovisuais

Um impulso para o uso das licenças Creative Commons em obras audiovisuais é o festival Media that Matters, que organiza uma exibição de "curtas-metragens com grandes mensagens".[67] Em 2012 o festival realiza sua 12ª edição, e os filmes selecionados serão disponibilizados sob a licença CC-BY-NC-ND. Sob a mesma licença estão centenas de pequenas produções das edições anteriores do festival, disponíveis no site: <http://www.mediathatmattersfest.org>.

No campo dos longas-metragens, em 2011 foi lançado o primeiro filme espanhol em licenciamento livre, nos termos da licença CC-BY-NC-SA (Park, 2011). É *Interferències*, disponível na web e nos cinemas, parte de um projeto de educação e conscientização sobre desenvolvimento e liberdade (<http://www.interferencies.cc/>). No mesmo ano, Vincent Moon — que já utiliza as licenças Creative Commons há algum tempo e afirma que "vive sob a proteção da licença *Creative Commons*" (Creative Commons Corporation, 2011: 24) — juntou-se a Efterklang e juntos fizeram *An island*, licenciado em CC-BY-NC-SA. Cópias

---

66 Licenciamento flexível e os novos canais de distribuição de música. Disponível em: <http://estrombo.com.br/licenciamento-flexivel-e-os-novos-canais-de-distribuicao-de-musica>.
67 Disponível em: <http://creativecommons.org/tag/media-that-matters-festival>.

do filme foram liberadas para exibições público-privadas ao redor do mundo, em um projeto que levou o filme a 1.178 sessões de entrada franca entre fevereiro e março de 2011.[68]

O evento gerou grande comoção na internet, refletindo os milhares de encontros organizados em torno do filme, desde pequenas reuniões de família e amigos a eventos de grande porte (fotos em: <www.flickr.com/photos/anisland> e um mapa das exibições no site do projeto em: <http://anisland.cc/>). O filme é, ainda, comercializado pelo site do projeto na forma "pague o quanto quiser" pelos *downloads* ou em DVD em edição especial limitada por 40 dólares.[69]

Um filme lançado em 2009 que demonstra claramente o potencial e o significado da utilização das licenças Creative Commons é *Sita sings the blues*. A animação de Nina Paley conta histórias do hinduísmo por meio de canções de *blues* da musicista Annette Hanshaw. A diretora disponibiliza o filme para *download* em vários formatos, inclusive em alta definição, em seu site sob uma licença CC-BY-SA.

De acordo com as informações constantes em seu site (<www.sitasingstheblues.com>), Nina Paley declara que

(como) toda cultura, ele [o filme] já pertence a vocês, porém estou explicitando isso com uma licença *Creative Commons* BY-SA. Por favor, distribuam, copiem, compartilhem, arquivem e mostrem *Sita sings the blues*. Ele veio da cultura do compartilhamento, e de volta a ela está indo... O conhecimento convencional me impele a exigir pagamento por cada uso do filme, mas, então, como as pessoas que não têm dinheiro teriam acesso a ele? Qual seria a amplitude de sua disseminação se estives-

---

68 Disponível em: <http://anisland.cc/home/host-a-screening/>.
69 Disponível em: <http://anisland.cc/home/>.

se limitado por taxas de permissão? O controle oferece um falso senso de segurança. A única segurança verdadeira que tenho é de confiar em você, confiar na cultura, confiar na liberdade.[70]

Sobre sua escolha pela distribuição gratuita e o licenciamento aberto – e a peleja que enfrentou para poder usar as canções de Hanshaw no filme – Paley diz que

> queria fazer o compartilhamento de *Sita* o mais legal e, portanto, legítimo, possível. Compartilhar não deveria ser uma capacidade exclusiva dos infratores da lei [de direitos autorais]. O compartilhamento deveria ser — e pode ser — diversão para toda a família. Eu paguei [pelo licenciamento das músicas] para dar segurança à audiência, porque ela é o maior distribuidor de *Sita*. (Parkins, 2009a, tradução livre)

Sua escolha não poderia ter sido mais acertada: sem gastar nada em propaganda, apenas em 2009 o filme apresentou um rendimento de US$ 55 mil para Nina. Atualmente, no archive. org – um dos endereços em que o filme está disponível para *download* – foi baixado mais de 390 mil vezes.[71] O objetivo principal de Paley foi plenamente alcançado: a história de *Sita* atingiu centenas de milhares de pessoas, de diferentes culturas – e ainda foi sucesso de vendas e de crítica (Ebert, 2008).

Valkaama (2010), filme alemão colaborativo, sua trilha sonora, *trailers* e roteiro podem ser baixados no endereço: <www.valkaama.com>. *Boy who never slept* (2006), de Solomon Rothman, é mais um exemplo do uso de licenças Creative Commons para a divulgação e o compartilhamento livre de

---

70 Disponível em: <http://www.sitasingstheblues.com/>. Tradução livre.
71 Disponível no Archive.org: <www.archive.org/details/Sita_Sings_the_Blues>.

filmes – neste caso, uma produção independente e totalmente gratuita (<http://moviepals.org/boywhoneverslept>). Sob a licença CC-BY-NC-SA há também o filme *Exodos* (<www.exodos.cc/>), de Matthias Merkle, distribuído pela mesma estrutura de exibições público-privadas de *An island*. Além do próprio filme, toda a trilha sonora é licenciada em Creative Commons e está disponível para *download*.

A licença CC-BY-SA é perfeita para conferir liberdade e flexibilidade no uso do conteúdo disponibilizado. Os "filmes abertos" são uma tendência crescente – *An island*, de Moon, e *Sita sings the blues*, de Paley, são exemplos recentes que atingiram seu objetivo de alcançar públicos variados em todo o mundo. Porém, houve outras produções que contaram com imagens e sons retirados dos *commons* e que devolveram à comunidade produções quase totalmente abertas.

Além de filmes completos, muitas produções disponibilizam apenas clipes ou *trailers* em Creative Commons para a reutilização. Este recurso possibilita à comunidade criar novas obras com base no material disponibilizado, de graça ou via micropagamentos. É a liberdade proporcionada pelas licenças Creative Commons que permite o surgimento de projetos como *Big Buck Bunny* (2008),[72] animação totalmente licenciada em CC-BY – desde personagens e texturas até o produto final; ou *Cosmonaut*, da espanhola Riot Cinema (Creative Commons Corporation, 2011:26), que teve *trailers* e pôsteres confeccionados por fãs a partir de material disponibilizado em CC-BY-SA. A profusão de produções audiovisuais abertas mostra como os conceitos de compartilhamento e produção colaborativa – já relativamente assentados na cena musical – também se difundem entre cineastas.

---

72 Site oficial do projeto: <www.bigbuckbunny.org/>.

- c) Recursos educacionais abertos (REAs)

O licenciamento aberto não serve apenas para facilitar a produção de obras artísticas. Sua contribuição para a educação pode ser imensa. O investimento em REA é parte do projeto Creative Commons e da missão institucional. Tanto no ensino básico quanto no superior, o compartilhamento rápido e fácil de obras de conteúdo educativo e acadêmico enriquece o processo educacional.

Se a viabilidade do uso comercial das licenças Creative Commons ainda é questionada por setores que não compreendem a organização e o funcionamento da internet, seu uso para o compartilhamento de material sem fins lucrativos é consagrado e aceito. O exemplo mais claro disto é a utilização do Creative Commons para o desenvolvimento de REA pelo governo para escolas e faculdades da rede pública. Assim fizeram a Secretaria de Educação do Município de São Paulo[73] e os Ministérios da Educação e do Trabalho dos Estados Unidos[74] em 2011.

Conforme mencionado no início desta obra, a Secretaria de Educação do Município de São Paulo anunciou que todo o material produzido para suas escolas estaria disponível para *download*, atendendo a uma demanda interna e até de outros municípios. A iniciativa possibilitou a utilização gratuita por escolas em todo o Brasil de programas didáticos do município paulista, adaptando-os às realidades locais sem qualquer custo para seu licenciamento. O programa lançado pelos ministérios norte-americanos, por sua vez, é voltado para o en-

---

73   Disponível em: <www1.folha.uol.com.br/saber/926025-material-didatico-da-prefeitura-de-sp-sera-baixado-de-graca.shtml>.
74   Disponível em: <www.creativecommons.org.br/index.php?option=com_content&task=view&id=140&Itemid=0>.

sino superior: um fundo de US$ 2 bilhões para instituições de ensino desenvolverem cursos técnicos terá todo material produzido em seus quatro anos de duração licenciado em CC-BY.

O Ministério do Trabalho norte-americano, por sinal, também desenvolve outros programas de fomento à formação técnica e ao planejamento de carreira que utilizam os recursos Creative Commons. O Trade Adjustment Assistance Community College and Career Training e o Career Pathways Innovation Fund são mais dois fundos de incentivo ao ensino superior cujo material produzido será licenciado em CC-BY.[75]

Financiamentos estatais, de ONGs, fundações e organizações sem fins lucrativos têm apoiado programas de fomento à produção acadêmica em todo o mundo. Os REA são chave para programas que pretendam contribuir significativamente para o conhecimento em suas áreas de atuação, pois facilitam a troca de artigos e publicações e sua reutilização para a construção de algo novo.

Utilizam o Creative Commons programas acadêmicos de criação de REA em diversos países, como Argentina, Canadá, Austrália, Chile, Colômbia, República Checa, Finlândia, Índia, Itália, Holanda, Nova Zelândia, Noruega, Polônia, Coreia do Sul, Reino Unido e Estados Unidos.[76] Além de programas ligados a instituições de ensino, iniciativas privadas mostram que o acesso à educação é um recurso valioso e que a licença correta pode promovê-lo.

---

75 O apoio do governo dos Estados Unidos ao Creative Commons teve início desde a campanha eleitoral do presidente Barack Obama (<http://wiki.creativecommons.org/Case_Studies/Whitehouse.gov>). À época, o então candidato mantinha seu site de campanha, <www.change.gov>, licenciado em CC-BY (<www.whitehouse.gov/copyright>). Depois de eleito, lançou o site oficial do governo, <www.whithouse.gov>, sob a mesma licença. Ou seja, qualquer conteúdo produzido pela Casa Branca e disponibilizado em seu site pode ser, a princípio, livremente copiado, modificado, reutilizado, compartilhado e até utilizado comercialmente.
76 Disponível em: <http://wiki.creativecommons.org/OER_Case_Studies>.

O que é Creative Commons?

Ao optar por licenciar o material didático de seus cursos em Creative Commons, a Open University, universidade de ensino a distância com mais de 250 milhões de alunos em 40 países, economizou as £ 100 mil que havia reservado para o desenvolvimento de uma licença específica para seu serviço *Open Learn* (Creative Commons Corporation, 2011:18). A primeira universidade de ensino a distância bem-sucedida no mundo tornou-se, também, a mais baixada no iTunes U – foram mais de 20 milhões de *downloads* de seus materiais didáticos desde seu lançamento.

Patrick McAndrew, subdiretor da Open University, analisa o uso dos REA:

> [o] poder de recursos educacionais abertos situa-se em sua visibilidade. Isto lhe dá grande flexibilidade, de modo que materiais que poderíamos lançar no ambiente Open Learn baseado em Moodle possam ser utilizados no WordPress ou Slideshare ou YouTube ou qualquer outro. Os materiais do Open Learn podem ser exportados e transferidos de muitas maneiras em termos de tecnologia e formato. Contudo, esta capacidade de transferência também necessita de uma licença que possa ser interpretada e carregada com o material. O *Creative Commons* nos fornece isto. (Creative Commons Corporation, 2011:18)

Projeto semelhante foi desenvolvido por Salman Khan. Em 2004, após perceber que as aulas virtuais que ministrava em seu tempo livre tinham recepção muito positiva na internet, passou a licenciá-las em CC-BY-NC-SA sob o nome de Khan Academy. O projeto cresceu e tornou-se uma organização sem fins lucrativos voltada para a produção de videoaulas gratuitas e em licenciamento aberto. O reconhecimento da importância do trabalho desenvolvido pela Khan Academy levou a Fundação Gates a apoiá-lo com doações e declarações na mídia, o que ampliou ainda mais o alcance das aulas virtuais. Por causa de seu licenciamento aberto, qualquer usuário pode tornar-se um produtor a partir das aulas, reutilizando-as ou traduzindo-as para línguas locais sem preocupar-se com questões legais, facilitando o acesso à educação para milhões de pessoas no mundo inteiro.[77]

As licenças Creative Commons aplicadas a projetos pioneiros permitem consumir o conteúdo apresentado, modificá-lo, interagir com a informação e com o conhecimento de uma forma que facilita o processo de aprendizagem e que adapta visões globais a realidades locais. O potencial da internet é imenso tanto em alcance quanto em escopo: são milhões de pessoas conectadas realizando mais um sem-número de atividades que refletem culturas e visões de mundo diversas e enriquecedoras. Aproveitar esse potencial para produzir conhecimento é um passo à frente na construção de uma comunidade global igualitária.

- d) Literatura, jornalismo e arte

Mark Pilgrim é exemplo vivo da ideia de abertura e de sua interação com o mundo editorial. Utiliza o licenciamento aberto desde 2000, quando publicou seu livro *Dive into Python* sob uma licença aberta GNU Free Documentation License (o Creative Commons ainda não existia à época). Desde então, a obra — distribuída gratuitamente na internet e à venda na Amazon — já lhe rendeu mais de US$ 10 mil em direitos autorais. Após o sucesso do primeiro livro, publicou

---

77   Apenas em 2012, foram 4,7 milhões de acessos individuais à Khan Academy. Disponível em: <http://dl.dropbox.com/u/25979491/KAFactSheet.pdf>; e em: <http://khanacademy.desk.com/customer/portal/articles/441307-press-room>.

Dive into Python 3, licenciado em CC-BY-SA, em 2009, e em 2010 lançou *HTML5: up and running* pela O'Reilly e Google Press, com uma versão gratuita para *download* em <http://diveintohtml5.info/> sob a licença CC-BY.

Seu uso das licenças abertas, especialmente a CC-BY, tipo mais permissivo das licenças Creative Commons, lhe confere liberdade em relação às editoras, como comentou em entrevista:

[h]á atualmente muitos livros excelentes sobre Python que saíram das prateleiras porque as editoras decidiram que não era de seu interesse continuar publicando-os. Isso nunca acontecerá com os livros abertos. Você tem a liberdade para manter esse livro vivo. Se eu decidir parar de distribuí-lo, você mesmo pode fazê-lo. Se o livro ficar desatualizado, você pode continuar de onde eu parei e manter o livro atual e relevante.[78]

A partir de uma celeuma na editora que publicou *Diving into Python 3*, devido ao uso comercial do texto por uma editora rival, Pilgrim reflete acerca da própria ideia de abertura. O problema residiu justamente na grande liberdade da licença, que não restringia o uso comercial. Segundo o autor, é um acontecimento natural em um contexto em que o uso da obra é irrestrito, analisando o acontecimento do ponto de vista do *software* livre.

Pilgrim pondera:

[u]ma parte de escolher uma licença livre para a sua obra é aceitar que poderá haver usos que você não aprovaria... De fato, esses são os dois baluartes do "livre" em *software* livre. Se "os outros lucrarem com o meu trabalho" é algo que você pretende evitar,

---

78   Disponível em: <http://wiki.creativecommons.org/Case_Studies/Mark_Pilgrim>. Tradução livre.

então o *software* livre não é para você. Escolha uma licença *Creative Commons* não comercial, uma licença de *freeware* exclusiva para uso pessoal ou o tradicional acordo de uso de usuário final. O *software* livre não tem um usuário final. Esse é o ponto.[79]

É justamente esse o elemento característico do Creative Commons: as licenças Creative Commons fazem a conexão entre uma estrutura de rede em que não há usuário final — porque tudo o que é produzido é modificado e compartilhado instantaneamente — e o modelo clássico de direitos autorais, que reside sobre direitos morais e patrimoniais. Os diferentes matizes de liberdade de uso que as licenças representam são capazes de comportar os interesses de todo tipo de autor e torná-lo independente de intermediários.

Depender de uma editora é, de fato, um grande problema para o escritor. Para escapar do arbítrio de uma companhia que o publicasse, Robin Sloan decidiu tomar as rédeas de sua produção e tornar-se independente. Pedindo doações no site de *crowdfunding* Kickstarter, Sloan deu início à confecção de *Annabel scheme*, conto de ficção ambientado em uma São Francisco imaginária.

Com a promessa de licenciar a obra que resultasse do *crowdfunding* em Creative Commons, o autor obteve mais dinheiro em doações do que esperava: US$ 14 mil no total. Além disso, foi nomeado o melhor projeto do Kickstarter em 2009. Após o término do livro, a obra estava livre para *download* e reutilização por parte dos leitores. Esse era um dos objetivos de Sloan: ver o universo e os personagens desenvolvidos em *Annabel scheme* terem continuidade na imaginação e na

---

79   Ibid. Tradução livre.

O que é Creative Commons?

produção de seus leitores. Dessa "parceria" entre autor e fãs resultaram até mesmo uma canção tema para o conto e uma reprodução em 3D do cenário em que se passa a história (Parkins, 2010c).

Algumas editoras podem, no entanto, utilizar também o Creative Commons para atender a seus interesses. A Pratham Books, pequena editora sem fins lucrativos na Índia, tem como missão institucional pôr um livro na mão de cada criança. Para isso, já publicou mais de 1.500 livros em inglês e em 11 dialetos indianos. Parte deles está disponível para *download* gratuito sob a licença CC-BY-NC-SA e parte à venda por preços que não excedem 25 rúpias.

Dessa forma, a Pratham garante a acessibilidade de seus produtos, transpondo barreiras de preço, língua e cultura. Sua atividade teve início em 2004, quando lançou o movimento Read India, publicando, via Scribd, livros em Creative Commons e, pelo Flickr, ilustrações sob a mesma licença. Desde então, a Pratham cresceu e conquistou visibilidade: três de suas publicações receberam Certificados de Mérito pela Federação de Editoras Indianas[80] e em 2010 a editora obteve o primeiro lugar no concurso nacional IndiaSocial Case (Banka, 2010).

Ainda tratando dos precursores do uso de licenças Creative Commons, que desde o início do projeto as têm utilizado e alcançado grande sucesso por meio e por causa delas, Cory Doctorow é presença imperativa entre os autores que utilizam Creative Commons. Escritor de ficção científica de grande renome e editor de um dos maiores portais na internet sobre tecnologia, novas mídias e suas implicações sociais

---

80   Os certificados estão em: <www.prathambooks.org/awardlist/2010> e <www.pratham-books.org/awardlist/2009>.

e políticas, chamado *Boing Boing*, Doctorow publicou seu primeiro livro sob uma licença Creative Commons em 2003. Tratava-se de *Down and out in the magic kingdom*.

Seus livros são fervorosamente aclamados pela crítica – *Little brother*, de 2008, licenciado em CC-BY-NC-SA, permaneceu por quatro semanas na lista dos mais vendidos do *New York Times*. Sua mais recente obra, *With a little help*, coletânea de contos de ficção científica, é a consagração de um modelo baseado no licenciamento aberto – e semelhante ao CwF RtB citado anteriormente.

A coletânea de contos está à venda apenas on-line: podem ser compradas cópias no site do autor (<www.craphound. com), no site da Amazon ou no site da Lulu. No site de Doctorow, há diversas opções de capas para os que comprarem a cópia física e uma edição especial por 275 dólares. Além disso, lá está o link para *download* da obra (sob uma licença Creative Commons) gratuitamente, ou em troca de uma doação.

A independência paga: até maio de 2011, *With a little help* havia vendido US$ 37 mil, 14.375 dos quais foram direto para Doctorow (o pagamento, por uma editora, pela sua obra mais recente até então havia sido de US$ 10 mil) (Shippey, 2011). Utilizando o potencial de difusão da rede, Cory Doctorow prova que o modelo de *downloads* gratuitos é viável economicamente, além de beneficiar criadores e consumidores.

O autor comenta, sobre a manutenção de um modelo de direitos autorais incompatível com a organização da rede, que começou a compreender que

> impor o modelo de direitos autorais exclusivos do século 20 sobre indivíduos que trabalham no século 21 levaria a uma redução dramática de liberdades muito importantes, como a de ex-

O que é Creative Commons?

pressão, de manifestação, até mesmo de reunião e de imprensa. Tudo isso seria ameaçado pelas guerras dos direitos autorais.[81]

Fora da literatura de ficção – no meio acadêmico, por exemplo – a guerra dos direitos autorais pode ter efeitos ainda mais preocupantes. O desenvolvimento de estudos científicos depende de acesso a outros trabalhos acadêmicos. Entretanto, muitas vezes o preço de publicações impede o acesso a obras cruciais para a construção de um trabalho inovador. O licenciamento aberto dos escritos é a forma ideal de conceder-lhes a flexibilidade, liberdade de uso e acessibilidade de que necessitam sem prejudicar os autores moral ou patrimonialmente.

Quanto ao uso do licenciamento aberto como modelo de negócio para as publicações acadêmicas, Frances Pinter, editor da Bloomsbury Academic, diz que "(editores) estão preocupados que a disponibilização gratuita de conteúdo possa 'canibalizar' as vendas de material impresso, mas acreditamos que, para certos tipos de livros, a gratuidade promove a impressão" (Creative Commons Corporation, 2011:20). A Bloomsbury tem, atualmente, 67 títulos disponíveis para *download* gratuito sob a licença CC-BY-NC e quatro sob a licença Bloomsbury Open.[82] A editora pretende continuar ampliando o número de obras em licenciamento aberto e afirma que isto não prejudica seu modelo de negócio e que "projetos-piloto em publicação acadêmica estão começando a indicar que o material gratuito, na verdade, promove as vendas".[83]

---

81 Disponível em: <http://wiki.creativecommons.org/Cory_Doctorow>. Tradução livre.
82 A lista de títulos está em: <www.bloomsburyacademic.com/page/OpenContentTitles/open-content-titles>.
83 Disponível em: <www.bloomsburyacademic.com/page/OurBusinessModel/our-business-model;jsessionid=562FC18F0E9CD29BD45B267ACD59E457>.

Dado o potencial de difusão de obras licenciadas em Creative Commons, um dos usos em que se encaixa perfeitamente é a disponibilização on-line de obras de arte especialmente por parte de museus. A utilização de licenciamento aberto é congruente com o objetivo principal desses estabelecimentos: divulgar seu acervo e torná-lo acessível a todos. A utilização do Creative Commons por museus é de longa data: em 2006, o Isabella Stewart Gardner Museum (<www.gardnermuseum.org/home/>) começou a disponibilizar para *download* seu *podcast* de música clássica The Concert (<www.gardnermuseum.org/music/listen/podcasts>) sob a licença CC-BY-NC-ND 2.0.

Segundo Scott Nickrenz, curador de música do museu, a licença Creative Commons foi uma escolha natural para alcançar o objetivo de expansão do *podcast* e trouxe algumas surpresas agradáveis: "[t]alvez o caso mais memorável tenha sido quando fomos contatados por freiras das Filipinas que administram uma estação de rádio sem fins lucrativos. Graças ao Creative Commons, elas podem compartilhar excelente música clássica do Gardner com seus ouvintes" (Creative Commons Corporation, 2011:27).

O Powerhouse Museum, na Austrália, foi precursor no compartilhamento de acervo na internet. O museu disponibilizou para *download*[84] no site Flickr Commons fotografias cujos direitos autorais eram desconhecidos – atualmente, 56 instituições[85] fazem parte do projeto Flickr Commons. O museu começou, então, a utilizar as licenças Creative Commons

---

84 A página no Flickr do museu: <www.flickr.com/photos/powerhouse_museum/>.
85 Lista das instituições participantes no Flickr Commons: <http://www.flickr.com/commons/institutions/>.

O que é Creative Commons?

CC-BY-NC, CC-BY-SA e CC-BY-NC-ND[86] para autorizar o uso de parte de suas obras, criando, assim, um enorme acervo de obras livres para a reprodução – seja por estarem em domínio público, licenciadas em Creative Commons ou inseridas no projeto Flickr Commons.

O licenciamento aberto foi adotado também no Museu de Amsterdam, que permite a visualização e *download* de seu acervo on-line (<http://ahm.adlibsoft.com/search.aspx>) por uma licença CC-BY-SA. Desta forma, pessoas no mundo inteiro têm acesso a mais de 70 mil obras de períodos desde a Idade Média até hoje. O mesmo fez o Museu do Brooklyn (<www.brooklynmuseum.org/>), que licencia as obras cujos direitos autorais detém em CC-BY-NC-SA e estimula sua reutilização.

Mais recentemente, o Walters Museum, em Baltimore, Maryland (EUA), também ingressou no universo dos *commons* licenciando todo o seu acervo de mais de 10 mil obras de arte por meio de licenças CC-BY-NC-SA. Desde 2007 as obras do museu já se encontravam na internet, e o tráfego no website havia aumentado 240% desde então.[87] Com o uso das licenças Creative Commons, o museu pretende aumentar ainda mais sua popularidade utilizando o potencial do compartilhamento e de outras ferramentas on-line[88] – sem ter de se preocupar em criar licenças específicas para fazê-lo.

Como um instrumento facilitador das trocas de informações por meio digital, as licenças Creative Commons servem também a novos modelos de jornalismo na rede. Características

---

86   Política de direitos autorais do Powerhouse Museum: <http://www.powerhousemuseum.com/imageservices/index.php/rights-and-permissions/>.
87   Disponível em: <http://www.medievalists.net/2011/10/04/the-walters-art-museum--removes-copyright-restrictions-from-more-than-10000-images/>.
88   Ibid.

do jornalismo pela internet são a instantaneidade de divulgação dos acontecimentos e a possibilidade de cobertura simultânea por diversos agentes, desde jornalistas profissionais a cidadãos comuns. As mídias sociais têm um papel importante na propagação de notícias, pois toda pessoa pode tornar-se um canal de difusão. Há atualmente projetos para aproveitar esse potencial em prol do acesso à informação e da liberdade de expressão.

A ProPublica é uma agência de notícias independente e sem fins lucrativos voltada para a produção de matérias de interesse público, distribuídas na internet com uma licença CC-BY-NC-ND. Focada no jornalismo investigativo, sua operação pretende ser isenta de influências políticas ou econômicas e apresentar a realidade factual aos leitores. Sua equipe é composta por antigos editores e jornalistas de publicações de renome, como o *Wall Street Journal* e o *New York Times*.

A agência é financiada por doações, tanto de grandes empresas como de indivíduos particulares, e aplica quase todo o dinheiro coletado na produção de artigos de altíssima qualidade: em 2011, os jornalistas Jesse Eisinger e Jake Bernstein ganharam o prêmio Pulitzer de jornalismo por sua matéria "The Wall Street money machine" — a primeira premiação do tipo a uma matéria publicada apenas na internet; em 2010, Sheri Fink ganhou o Pulitzer em Reportagem Investigativa com o artigo "Deadly Choices at Memorial".[89] Estes são apenas dois das dezenas de prêmios que a ProPublica ganhou em seus cinco anos de existência, sempre realizando um jornalismo interessado no impacto de suas histórias sobre a vida dos cidadãos.

---

89 Lista de premiações da ProPublica: <http://www.propublica.org/awards>.

O que é Creative Commons?

Sobre esse objetivo, Scott Klein, editor dos aplicativos eletrônicos da agência, comenta a utilização do Creative Commons: "[n]ão vemos a informação como um objeto valioso, é o impacto que importa. Não estamos construindo uma biblioteca de direitos autorais. Possuímos uma cultura de compartilhamento e a *Creative Commons* é uma grande parte disto" (Creative Commons Corporation, 2011:13).

Além do modelo centralizado da ProPublica, a internet oferece a possibilidade de se instituírem novos modelos de jornalismo, como o desenvolvido pela Global Voices. Este portal de notícias enxergou a profusão de manifestações no mundo inteiro relatando realidades locais e serve como um espaço de divulgação da "mídia cidadã". Seus 500 blogueiros e tradutores trabalham relatando histórias e reportando fatos em mais de 30 línguas e disponibilizando todo o material produzido por meio de uma licença CC-BY.

Criado em 2005 por Rebecca MacKinnon e Ethan Zuckerman, o objetivo principal do Global Voices é levar a todo o mundo, em uma língua que todos possam compreender, notícias que normalmente não figurariam na grande mídia. O site funciona com base em doações e iniciou-se como um blog mantido por MacKinnon e Zuckerman seguindo uma ideia que tiveram juntos no Berkman Center for Internet and Society, da Universidade de Harvard.

Atualmente, o projeto é financiado por diversas fundações e empresas, como a agência Reuters e a Ford Foundation, e suas histórias já foram republicadas nos sites do New York Times, Reuters, AlterNet e Oprah Winfrey Network. Sobre o uso da licença CC-BY, a mais liberal das licenças Creative Commons, Solana Larsen, Editora Geral da Global Voices, afirma que

(o) *Creative Commons* nos dá a liberdade de promover traduções em mais de uma dúzia de idiomas diariamente. Sempre que somos encarregados de escrever publicações para organizações sem fins lucrativos ou mesmo para meios de comunicação de grande porte, nos apegamos à nossa cláusula da *Creative Commons* e isto nos permite republicar, traduzir e abrir discussões para o mundo (Creative Commons Corporation, 2011:16).

Seja qual for o objetivo, haverá uma licença que sirva aos interesses do criador. Além de um mecanismo de proteção, as licenças Creative Commons são a representação de uma ideia de compartilhamento e abertura em uma linguagem que todos podem compreender. Sua estrutura em três camadas faz com que a tecnicidade de seu conteúdo se alie à simplicidade de uso, potencializando o alcance do material licenciado. É justamente por serem uma forma tão simples, mas ainda tão precisa, de comunicar permissões de uso, que pessoas de diversas ocupações e em todo o mundo as utilizam.

Onde encontrar obras licenciadas em Creative Commons?

O licenciamento em Creative Commons pode ser adotado por qualquer um por meio da página da organização (<http://creativecommons.org/choose/>) em que, após responder a um questionário sobre as permissões de uso da obra, o usuário recebe o código html da licença que atenda a seus objetivos. Entretanto, o próprio site do projeto Creative Commons não serve como espaço para a hospedagem, *download* e troca de obras licenciadas em Creative Commons. O usuário que escolher uma das licenças disponíveis para sua obra terá, posteriormente, de vincular de algum modo sua obra à licença escolhida, de modo a tornar público o licenciamento.

Não há restrição para a modalidade de distribuição da obra, de modo que seu titular pode compartilhá-la por e-mail ou redes sociais com amigos, publicar em seu blog pessoal ou em site de terceiro. Entretanto, se seu objetivo for inserir a obra em uma comunidade de *commons*, há portais específicos para a busca de material licenciado em Creative Commons. Muitas vezes, a própria demanda dos usuários de um serviço de distribuição de mídia faz com que sites implementem um serviço de caracterização e busca de obras em Creative Commons. Além disso, há sites que têm entre as opções de licenciamento do material submetido por seus usuários as licenças Creative Commons.

Ingressar em uma comunidade de *commons* é positivo para o autor porque lhe fornece uma ferramenta completa de distribuição de sua obra. Para os usuários do site, a vantagem reside em poder encontrar em um só local obras pertinentes a seus interesses. A integração usuário-autor também é proporcionada pelas ferramentas de comunicação oferecidas pelos sites, o que estimula a criatividade e a colaboração.

- a) Música

Para encontrar música licenciada em Creative Commons há diversas opções. Alguns sites são especializados em música e oferecem a seus usuários a opção de disponibilização sob licença Creative Commons, bem como um serviço de busca por obras licenciadas dessa forma. No Brasil, o aplicativo Bagagem é um serviço que pretende estabelecer uma nova forma de ouvir e consumir música digital.

Criado por Felipe Julián, Sandra Ximenes e Leonardo Muniz, do Projeto Axial (<www.axialvirtual.com>), o aplicativo, as músicas e imagens que o compõem são licenciados em CC-BY-NC-ND. Trata-se de um espaço gratuito de compartilhamento da música com um componente visual especial cujo objetivo é substituir o encarte do CD. Seu potencial de propagação é grande: em menos de um mês de existência após o lançamento de sua versão beta, em 2010, o aplicativo foi baixado mais de mil vezes.[90]

Outra opção para quem busca músicas licenciadas em Creative Commons é o site SoundCloud (<http://soundcloud.com/creativecommons>), que introduziu o recurso em 2008. Ao enviar uma faixa ao site, o artista tem três opções: todos os direitos reservados, alguns direitos reservados – opção em que se escolhe a licença Creative Commons desejada – e nenhum direito reservado. O recurso é popular, com mais de 13 mil faixas disponíveis sob algum tipo de licença Creative Commons. Até mesmo a banda R.E.M. participou, lançando no site em 2011 um concurso de remixes de uma música disponibilizada em CC-BY-NC-SA.

O SoundCloud é um portal para música de todo tipo, sejam composições originais ou remixes, e por isso possui diversas opções de licenciamento. O ccMixter, por outro lado, é um portal especializado em remixes, valendo-se de licenças Creative Commons. Todo material disponível no ccMixter está sob alguma dessas licenças – é uma exigência para o uso do site. Dessa forma, qualquer um pode baixar as músicas disponíveis e, dentro das permissões das licenças específicas, reutilizá-las, em alguns casos até comercialmente.

Se em outros serviços o Creative Commons é um complemento à atividade do site como um todo, no ccMixter as

---

90 Novos canais de distribuição: o caso do Bagagem. Disponível em: <http://estrombo.com. br/novos-canais-de-distribuicao-o-caso-do-bagagem>.

licenças Creative Commons estão na base de seu funcionamento. Victor Stone, administrador do site, reflete acerca da abertura na indústria da música: "(ainda) que haja todo gênero de música underground no ccMixter, também há uma coleção cada vez maior de produtores da grande indústria que compreendem o valor do compartilhamento como meio de promover criatividade e exposição" (Parkins, 2009b).

- ▪ b) Audiovisual, fotografia, artes plásticas

Vídeos e imagens também têm seus espaços dedicados na internet. No Brasil, o portal Videolog.tv (<http://videolog.tv/>) disponibiliza vídeos enviados por usuários por licenças Creative Commons com o objetivo de "facilitar e compartilhar a cultura de produção de vídeos, com ferramentas simples e intuitivas para todos".[91] Criado em 2004 por Ariel Alexandre e Edson Mackeenzy, o portal já exibiu mais de 454 milhões de produções de vídeo, com 94% de seu público sendo brasileiro.[92]

Fora do Brasil, recentemente o site Vimeo anunciou a integração do serviço de busca por vídeos em Creative Commons, criando uma página especial para o material (<https://vimeo.com/creativecommons>). "Sabemos das diversas maneiras como o compartilhamento pode impactar positivamente a criatividade", disse Blake Whitman, vice-presidente de Desenvolvimento Criativo do site. "Portanto, continuaremos a implementar ferramentas que permitam aos usuários a troca de ideias, e que apoiem a crescente demanda da comunidade Vimeo por compartilhamento criativo. Nossa parceria com o *Creative Commons* é a fundação desse compromisso" (Park, 2012).

---

91 Disponível em: <http://comunidade.videolog.tv/sobre-nos/>.
92 Ibid.

Vimeo é o 117º no ranking global de acessos, de acordo com a companhia de dados da Internet Alexa, e ocupa a 100ª posição nos EUA. O 1º lugar é, sem surpresas, o Google, o que engloba o maior site de compartilhamento de vídeos do mundo – o YouTube. Apesar de não tão explícita, o YouTube também possui uma página de busca por vídeos em Creative Commons. É um serviço específico para os editores e está na página de edição de vídeos. O YouTube permite ao autor, em vez do licenciamento nos termos definidos pelo site, utilizar a licença CC-BY em suas produções e marcar automaticamente seu vídeo dessa forma.

Outro grande site de mídia que adotou o Creative Commons foi o serviço de compartilhamento de imagens Flickr. Além do Flickr Commons (<www.flickr.com/commons>), para imagens de direitos autorais desconhecidos, o site possui a página Flickr Creative Commons (<www.flickr.com/creative-commons/>), onde se pode buscar especificamente imagens licenciadas em algum tipo de Creative Commons. A popularidade da ferramenta é imensa.

Em outubro de 2011, havia 200 milhões de fotos licenciadas em Creative Commons no Flickr,[93] e de 2006 a 2009 o número havia atingido os primeiros cem milhões (Linksvayer, 2010). O mesmo fez o serviço de busca Google Images, adicionando em 2009 às opções de busca de imagens o filtro de licenciamento por Creative Commons.

Além de sites específicos, há muitos portais de mídia que têm serviços de busca Creative Commons ou que trabalham exclusivamente com o licenciamento aberto. São exemplos o 60sox

---

[93] *200 million Creative Commons photos and counting!* 5 Oct. 2011. Disponível em: <http://blog.flickr.net/en/2011/10/05/200-million-creative-commons-photos-and-counting/>.

(<http://60sox.yodelservices.com/>), um site voltado para artistas que querem exibir seus trabalhos on-line e produtores em busca de talentos; e o Internet Archive (<www.archive.org/>), organização sem fins lucrativos que tem o objetivo de preservar representações culturais na internet e torná-las acessíveis a todos.

- c) Material acadêmico

Fora do domínio das artes, o Creative Commons é amplamente adotado no licenciamento de material acadêmico – desde apostilas e vídeos de cursos até artigos acadêmicos. Universidades no mundo inteiro utilizam o Creative Commons em programas variados de promoção de acessibilidade a recursos educacionais abertos. Destacam-se o Open Yale Courses (<http://oyc.yale.edu/>), seleção de cursos introdutórios ministrados por professores da Universidade de Yale, gratuitos em CC-BY-NC-SA; o MIT Open Courseware (<http://ocw.mit.edu/>), materiais para os cursos do MIT gratuitos licenciados em CC-BY-NC-SA; e o Open Learning Initiative, da Carnegie Mellon University, que oferece cursos completos gratuitos com material também licenciado em CC-BY-NC-SA. Além destes, uma lista de projetos de universidades para promover REA é encontrada em: <http://wiki.creativecommons.org/OER_Case_Studies>.

Há também programas desenvolvidos por entidades privadas ou fundações sem fins lucrativos. O MoodleCommons (<http://moodlecommons.org/>) é um site especializado na criação colaborativa de cursos para disponibilização gratuita em CC-BY-NC-SA. OER Commons (<www.oercommons.org/>) é mais uma plataforma de busca de REA para o ensino primário e secundário que provê acesso a mais de 30 mil itens livremente compartilháveis via CC-BY-NC-SA. O mesmo faz o Connexions (<http://cnx.org/>), site com mais de 17 mil itens – apostilas, artigos de jornal etc. – licenciados em CC-BY e que recebe cerca de 2 milhões de acessos por mês; e cK-12 (<http://www.ck12.org>), site premiado pelo American Association of School Librarians em 2011,[94] que licencia seu material em CC-BY-NC-SA.

Outros projetos de promoção dos REA incluem o Open Learn da Open University (<http://openlearn.open.ac.uk/>) e a Khan Academy (<www.khanacademy.org/>), já citados. Recentemente, o Washington State Board for Community and Technical Colleges deu início à Open Course Library (<https://sites.google.com/a/sbctc.edu/opencourselibrary/>), uma coleção de materiais educativos gratuitos licenciados em CC-BY. Ao comentar a inauguração do projeto, o deputado Reuven Carlyle afirmou que "é o início do fim dos livros-texto inacessíveis, caros e proprietários, que são completamente desconexos em relação à realidade atual" (Green, 2011).

REA, música, vídeos, imagens livres, abertas, produção colaborativa e compartilhamento instantâneo, tudo isso é parte da cultura da internet que permeia todos os campos da atividade humana contemporânea. Saber utilizar essas ferramentas é fundamental para o desenvolvimento da sociedade e para a utilização dessa nova cultura em prol de todos. O projeto Creative Commons caminha na direção de um mundo em que o pensamento é livre e construído por todos, e os serviços que apoiam e utilizam suas licenças atestam também seu intento de estimular o crescimento produtivo dessa sociedade interconectada.

---

94 Lista completa no site da Associação: <www.ala.org/aasl/guidelinesandstandards/bestlist/bestwebsitestop25#content>.

Reforma da lei de direitos autorais

Enquanto este livro está sendo escrito, é debatida publicamente nos Estados Unidos a versão 4.0 das licenças Creative Commons. As anteriores datam de 2002 (versão 1.0), 2004 (versão 2.0), 2005 (versão 2.5) e 2007 (versão 3.0). A versão 3.0, atualmente em vigor, foi lançada no Brasil em janeiro de 2010. De acordo com informações do site brasileiro do projeto Creative Commons:[95]

> As licenças *Creative Commons* 3.0 são fruto de um longo processo, iniciado em 2006 e concluído em 2007, conduzido por contribuições de toda a comunidade internacional do projeto. Em 2009, após cuidadosa avaliação da nova redação, o Centro de Tecnologia e Sociedade[96] tem a satisfação de apresentar a versão para o português do Brasil das novas licenças.

> As mudanças são principalmente relacionadas ao processo de tradução e internacionalização das licenças, que procurou garantir tratamento uniforme e consistente de temas como direitos morais e gestão coletiva de direitos. Para as obras que já se encontrem sob os termos das licenças 2.5, não há urgência em se aplicar as licenças 3.0. Para obras que ainda não foram licenciadas em CC, contudo, recomendamos a utilização das novas licenças.

> Confira, a seguir, as principais alterações:

---

95 Disponível em: <http://www.creativecommons.org.br/index.php?option=com_content &task=view&id=133&Itemid=1>.
96 O Centro de Tecnologia e Sociedade (CTS) da FGV Direito Rio é o representante do Creative Commons no Brasil e responsável pela adaptação das licenças ao ordenamento jurídico brasileiro. Outras informações sobre o CTS podem ser encontradas aqui: <http://direitorio.fgv. br/cts/>.

a) A partir da versão 3.0, as seis licenças CC passam a ser traduzidas de um conjunto genérico e internacional de licenças chamado *Unported*, em alusão ao termo *port* e à portabilidade entre licenças de diferentes países, redigido com base no texto de tratados internacionais como a Convenção de Berna e Trips. Todos os países envolvidos no projeto agora derivam suas licenças dos termos das licenças *Unported*, ao invés de simplesmente adaptar o texto das licenças americanas ao direito doméstico, como ocorria anteriormente;

b) O rol de definições foi ampliado e reescrito para conferir maior precisão ao alcance das licenças e eliminar ao máximo a possibilidade de interpretações equivocadas dos termos;

c) As cláusulas relativas a direitos morais foram redigidas de modo a tornar mais claros direitos que já se encontravam respaldados pelas versões anteriores das licenças. Os direitos e obrigações existentes entre o autor e criadores de obras derivadas da obra licenciada, quanto ao direito de paternidade (atribuição), ficam mais explícitos;

d) A licença Atribuição-Compartilhamento pela mesma licença agora tem uma cláusula de "licença compatível", o que facilita futuras conversões para licenças similares a partir de uma lista a ser construída pela *Creative Commons* em http://creativecommons.org/compatiblelicenses.

Paralelamente à revisão dos termos das licenças Creative Commons, o Brasil tem vivido um momento muito importante com o processo de revisão da LDA. Não faltam motivos para se promover a reforma legal.

Como já nos fartamos de comentar, nos últimos 20 anos, o mundo testemunhou uma das maiores revoluções tecnológicas por que já passou. O surgimento da internet comercial modificou a maneira como o ser humano se relaciona, como produz informação e como acessa o conhecimento. O impacto direto dessa nova era se faz sentir em todos os campos da ciência e das artes, repercutindo de modo irreversível na área cultural.

Se é certo que os direitos autorais diziam respeito a um grupo restrito de pessoas até o final do século XX (apenas àqueles que viviam da produção de obras culturais), hoje dizem respeito a todos. Com o acesso à rede mundial de computadores, a elaboração e a divulgação de obras culturais (mesmo as mais sofisticadas, como as audiovisuais) se tornaram eventos cotidianos, que desafiam o modo como os direitos autorais foram estruturados, ao longo dos últimos dois séculos.

De fato, os direitos autorais são uma disciplina jurídica razoavelmente recente. Enquanto institutos como o casamento ou a propriedade contam com uma análise jurídica ancestral, os direitos autorais só foram efetivamente discutidos a partir do século XVIII. E as duas últimas décadas trouxeram inúmeras questões que precisam ser debatidas para adequar os direitos autorais ao momento presente. Como se sabe, sendo o direito um fenômeno social, deve ser moldado pela realidade.

Todas essas transformações que mencionamos são responsáveis pelo grande número de revisões legislativas por que vem passando o mundo, em matéria de direitos autorais. De acordo com o site da Unesco,[97] Alemanha, Áustria, Canadá, Dinamarca, Espanha, Holanda, Israel, Itália, México, Noruega, Portugal, Suécia e Uruguai são apenas alguns dos países que promoveram mudanças em sua legislação autoral nos últimos anos.

---

97   Disponível em: <http://portal.unesco.org/culture/en/ev.php-URL_ID=14076&URL_DO=DO_TOPIC&URL_SECTION=201.html>.

Em consonância com a tendência mundial, o Ministério da Cultura brasileiro tem se dedicado a debater publicamente o assunto, a fim de também propor alterações na atual lei de direitos autorais do Brasil, buscando ajustá-la às demandas contemporâneas.

Após amplo debate público, ocorrido desde 2007 em diversos seminários organizados pelo Ministério da Cultura, foi apresentada uma primeira proposta de alteração da Lei nº 9.610/98 (a Lei de Direitos Autorais brasileira, "LDA"), que pôde ser comentada por qualquer interessado, de 14 de junho a 31 de agosto de 2010, em plataforma especialmente desenvolvida para esse fim.[98] Essa primeira fase (doravante "Primeira Proposta de Revisão da LDA") recebeu quase 8 mil comentários pela internet.

Após o prazo acima indicado, o Ministério da Cultura consolidou as contribuições apresentadas e encaminhou o texto final à Casa Civil, em dezembro de 2010.

Com a mudança de ministros na pasta da Cultura, no início de 2011, a proposta de reforma da LDA foi revista e voltou a ser objeto de consulta, entre 25 de abril e 30 de maio de 2011 (doravante "Segunda Proposta de Revisão da LDA"), e desta vez sem a mesma amplitude no debate, já que os comentários ao texto proposto não eram públicos. Posteriormente, entretanto, a consolidação dos comentários foi publicada e pode ser acessada no seguinte endereço: <www.cultura.gov.br/site/2011/08/11/ultima-fase-da-revisao-da-lda/>.

No momento em que este livro é elaborado, a consolidação dos trabalhos decorrentes da Segunda Proposta de Revisão da LDA está sendo realizada no Grupo Interministerial de Propriedade Intelectual (Gipi) e ainda não foi divulgada.

---

98   Disponível em: <www.cultura.gov.br/consultadireitoautoral/>.

Esperamos que nos próximos anos a legislação autoral brasileira encontre o equilíbrio adequado entre as novas tecnologias, as práticas sociais e a merecida proteção dos autores. É importante sempre lembrar que o direito autoral não pode ser encarado como um direito absoluto e precisa ser conjugado com uma série de princípios constitucionais (como a liberdade de expressão e o acesso ao conhecimento), fundamentais para o desenvolvimento cultural e social de qualquer país.

Nos últimos anos, a LDA vem sendo sistematicamente apontada como uma das piores leis de direitos autorais do mundo.[99] É preciso, portanto, adequá-la para o tempo presente, de modo a fomentar a educação, a cultura e novos modelos de negócio necessários a um mundo cada vez mais criativo.

---

99 Ver, entre outros: <http://blogs.estadao.com.br/tatiana-dias/brasil-tem-a-5a-pior-lei-autoral-do-mundo/?doing_wp_cron=1369077477.1362268924713134765625> e <http://oglobo.globo.com/cultura/brasil-entra-em-ranking-dos-paises-com-piores-leis-de-direitos-autorais--do-mundo-especialista-diz-que-prejuizos-para-populacao-podem-ser-grandes-2774528>.

Referências

ARAÚJO, Pedro Henrique. *Trio estreia com álbum que exemplifica a nova MPB feita na cidade de São Paulo*. 8 jul. 2008. Disponível em: <http://rollingstone.com.br/guia/cd/kiko-dinucci-jucara-marcal-e-thiago-franca/>.

ASCENSÃO, José de Oliveira. *O "fair use" no direito autoral. Direito da sociedade e da informação*. Coimbra: Coimbra Editores, 2003. v. IV.

BANKA, Dipali. *Pratham books and Hindustan motors win India Social case challenge. Exchange4Media.com*. 13 Apr. 2010. Disponível em: <www.exchange4media.com/37809_pratham-books-and-hindustan-motors-win-indiasocial-case-challenge.html>.

BENENSON, Fred. *Google image search implements CC license filtering*. 9 July 2009. Disponível em: <http://creativecommons.org/weblog/entry/15691>.

_____. *NIN's CC-Licensed Best-Selling MP3 Album*. 5 Jan. 2009. Disponível em: <http://creativecommons.org/weblog/entry/11947>.

BENKLER, Yochai. The public domain: through the looking glass: Alice and the constitutional foundations of the public domain. *Law and Contemporary Problems*, v. 66, n. 1/2, p. 173-224, Winter/Spring 2003.

BITTAR, Carlos Alberto. *Direito de autor.* 4. ed. Rio de Janeiro: Forense Universitária, 2004.

BRANCO, Sérgio. *A produção audiovisual sob a incerteza da Lei de Direitos Autorais.* In: LEMOS, Ronaldo; SOUZA, Carlos Affonso Pereira de; MACIEL, Marília (Org.). *Três dimensões do cinema.* Rio de Janeiro: FGV, 2010. Disponível em: <http://bibliotecadigital.fgv.br/dspace/handle/10438/6991>.

—— *Direitos autorais na internet e o uso de obras alheias.* Rio de Janeiro: Lumen Juris, 2007. Disponível em: <http://bibliotecadigital.fgv.br/dspace/handle/10438/2832>.

—— *O domínio público no direito autoral brasileiro*: uma obra em domínio público. Rio de Janeiro: Lumen Juris, 2011. Disponível em: <http://bibliotecadigital.fgv.br/dspace/handle/10438/9137>.

CARBONI, Guilherme. *Função social do direito de autor.* Curitiba: Juruá Editora, 2008.

CREATIVE COMMONS CORPORATION (Org.). *The power of open.* 2011. Disponível em: <http://thepowerofopen.org/>.

DOMICONE, Allison. *Announcing $10k matching giving challenge from Tucows!* 15 Dec. 2010. Disponível em: <http://creativecommons.org/weblog/entry/25533>.

_____. *Elspeth Revere of the MacArthur Foundation.* 29 Oct. 2010. Disponível em: <http://creativecommons.org/weblog/entry/24258>.

EBERT, Robert. *Having a wonderful time, wish you could hear.* 23 Dec. 2008. Disponível em: <http://blogs.suntimes.com/ebert/2008/12/having_wonderful_time_wish_you.html>.

FALCÃO, Joaquim et al. *Software livre e administração pública*: estudo sobre o *software* livre comissionado pelo Instituto Nacional de Tecnologia da Informação (ITI). Rio de Janeiro: Lumen Juris, 2006.

FRAGOSO, João Henrique da Rocha. *Direito autoral*: da antiguidade à internet. São Paulo: Quartier Latin, 2009.

GARLICK, Mia. *Lulu.* 16 May 2006. Disponível em: <http://creativecommons.org/weblog/entry/7050>.

GREEN, Cable. *Open Course Library launches 1st 42 courses.* 2 Nov. 2011. Disponível em: <http://creativecommons.org/weblog/entry/30201>.

LEMOS, Ronaldo. *Direito, tecnologia e cultura*. Rio de Janeiro: Ed. FGV, 2005.

LEONARDOS, Maria Beatriz. O conflito entre a proteção dos direitos autorais e o interesse da sociedade na livre disseminação de ideias, cultura e informação. *Revista da ABPI*, n. 108, p. 39-50, set./out. 2010.

LESSIG, Lawrence. *Free culture*: how big media uses technology and the law to lock down culture and control creativity. Nova York: The Penguin Press, 2004.

_____. *The future of ideas*. Nova York: Random House, 2001.

_____. *Remix*. Nova York: The Penguin Press, 2008.

LEWICKI, Bruno Costa. **Limitações aos direitos de autor**. Tese (doutorado) — Universidade do Estado do Rio de Janeiro, Rio de Janeiro, 2007.

LINKSVAYER, Mike. *Creative Commons licenses on Flickr*: many more images, slightly more freedom. 10 Mar. 2010. Disponível em: <http://creativecommons.org/weblog/entry/20870>.

_____. *Red Hat challenges you to support Creative Commons*. 28 Nov. 2005. Disponível em: <http://creativecommons.org/weblog/entry/5706>.

MACKINTOSH, Hamish. *Stars composse new ways to use music*. 29 Mar. 2007. Disponível em: <www.guardian.co.uk/technology/2007/mar/29/pop.guardianweeklytechnologysection>.

MANSO, Eduardo Vieira. *Contratos de direito autoral*. São Paulo: Revista dos Tribunais, 1989.

MASNICK, Mike. *Another 'exception'? Jonathan Coulton making half a million a year with no record label*. 17 May 2011. Disponível em: <www.techdirt.com/blog/casestudies/articles/20110515/23234814274/another-exception-jonathan-coulton-making-half-million-year-with-no-record-label.shtml>.

_____. *My MidemNet presentation*: Trent Reznor and the formula for future music business models. 5 Feb. 2009. Disponível em: <www.techdirt.com/articles/20090201/1408273588.shtml>.

_____. *The future of music business models (and those who are already there)*. 25 Jan. 2010. Disponível em: <www.techdirt.com/articles/20091119/1634117011.shtml>.

MONIZ, Pedro de Paranaguá; CERDEIRA, Pablo de Camargo. Copyleft e software livre: uma opção pela razão – eficiências tecnológica, econômica e social — I. *Revista da ABPI*, n. 70, p. 65-69, maio/jun. 2004.

MUSTONEN, Mikko I. Economics of Creative Commons. *SSRN*, Oct. 2010. Disponível em: <http://ssrn.com/abstract=1702285>.

NUNES, Simone Lahorgue. *Direito autoral e direito antitruste*. Rio de Janeiro: Elsevier, 2011.

PAOLETTA, Michael. Reznor adopts unusual Web campaign for new album. *Reuters*, 2 Apr. 2007. Disponível em: <www.reuters.com/article/idUSN0233620220070402>.

PARK, Jane. *First Spanish CC movie premieres in Spanish cinema*: Interferències. 18 Nov. 2011. Disponível em: <http://creativecommons.org/weblog/entry/30423>.

_____. *Vimeo adds CC browse and search capabilities*. 14 Feb. 2012. Disponível em: <http://creativecommons.org/weblog/entry/31415?utm_campaign=newsletter_1202&utm_medium=blog&utm_source=newsletter>.

PARKINS, Cameron. *ccMixter curation at the free music archive*. 25 Nov. 2009b. Disponível em: <http://creativecommons.org/weblog/entry/19283>.

_____. *Lulu*. 18 Oct. 2010a. Disponível em: <http://creativecommons.org/weblog/entry/23927>.

_____. *Mark Surman from the Mozilla Foundation*. 13 Dec. 2010b. Disponível em: <http://creativecommons.org/weblog/entry/25443>.

_____. *Monk Turner*. 18 Jan. 2008. Disponível em: <http://creativecommons.org/weblog/entry/7981>.

_____. *Nina Paley*. 3 June 2009a. Disponível em: <http://creativecommons.org/weblog/entry/14760>.

_____. *Robin Sloan's "Annabel Scheme"*. 14 Jan. 2010c. Disponível em: <http://creativecommons.org/weblog/entry/20155>.

PEREIRA, Caio Mário da Silva. *Instituições de direito civil*. 12. ed. 5. tir. Rio de Janeiro: Forense, 2007. v. IIII.

PIMENTA, Eduardo. *Princípios de direitos autorais*. Rio de Janeiro: Lumen Juris, 2004. Livro I.

_____. *Princípios de direitos autorais*: os direitos autorais do trabalhador. Rio de Janeiro: Lumen Juris, 2005.

REEDER, Melissa. *Big thank you to Squidoo!* 8 Nov. 2010. Disponível em: <http://creativecommons.org/weblog/entry/24453>.

REEDER, Melissa. *Red Hat supports CC through employee contribution matching program*. 25 Oct. 2006. Disponível em: <http://creativecommons.org/weblog/entry/6119>.

RIGAMONTI, Cyrill P. Deconstructing moral rights. *Harvard International Law Journal*, v. 47, n. 2, p. 353-412, Summer 2006.

ROPPO, Enzo. *O contrato*. Coimbra: Almedina, 2009.

SHIPPEY, Tom. *The author as agent of change*. 21 May 2011. Disponível em: <http://online.wsj.com/article/SB10001424052748703730804576319101005595020.html>.

SHIRKY, Clay. *A cultura da participação*. Rio de Janeiro: Zahar, 2011.

SOUZA, Allan Rocha de. *A função social dos direitos autorais*. Campos dos Goytacazes: Ed. Faculdade de Direito de Campos, 2006.

STEUER, Eric. *Creative Commons announces major funding support from Omidyar Network*. 28 May 2008. Disponível em: <http://creativecommons.org/press-releases/entry/8322>.

_____. *Google Books adds Creative Commons license options*. 13 Aug. 2009. Disponível em: <http://creativecommons.org/weblog/entry/16823>.

TROXLER, Peter. Open content in the creative industries: a source for service innovation? *SSRN*, 19 Mar. 2009. Disponível em: <http://ssrn.com/abstract=1597357>.

VOLLMER, Timothy. *Gates Foundation announces $20M for Next Generation Learning Challenges; CC BY required for grant materials*. 11 Oct. 2010. Disponível em: <http://creativecommons.org/tag/bill-melinda-gates-foundation>.

Livros publicados pela Coleção FGV de Bolso

(01) *A história na América Latina – ensaio de crítica historiográfica* (2009)
de Jurandir Malerba. 146p.
Série 'História'

(02) *Os Brics e a ordem global* (2009)
de Andrew Hurrell, Neil MacFarlane, Rosemary Foot e Amrita Narlikar. 168p.
Série 'Entenda o Mundo'

(03) *Brasil-Estados Unidos: desencontros e afinidades* (2009)
de Monica Hirst, com ensaio analítico de Andrew Hurrell. 244p.
Série 'Entenda o Mundo'

(04) *Gringo na laje – produção, circulação e consumo da favela turística* (2009)
de Bianca Freire-Medeiros. 164p.
Série 'Turismo'

(05) *Pensando com a sociologia* (2009)
de João Marcelo Ehlert Maia e Luiz Fernando Almeida Pereira. 132p.
Série 'Sociedade & Cultura'

(06) *Políticas culturais no Brasil: dos anos 1930 ao século XXI* (2009)
de Lia Calabre. 144p.
Série 'Sociedade & Cultura'

(07) *Política externa e poder militar no Brasil: universos paralelos* (2009)
de João Paulo Soares Alsina Júnior. 160p.
Série 'Entenda o Mundo'

(08) *A mundialização* (2009)
de Jean-Pierre Paulet. 164p.
Série 'Sociedade & Economia'

(09) *Geopolítica da África* (2009)
de Philippe Hugon. 172p.
Série 'Entenda o Mundo'

(10) *Pequena introdução à filosofia* (2009)
de Françoise Raffin. 208p.
Série 'Filosofia'

(11) *Indústria cultural – uma introdução* (2010)
de Rodrigo Duarte. 132p.
Série 'Filosofia'

(12) *Antropologia das emoções* (2010)
de Claudia Barcellos Rezende e Maria Claudia Coelho. 136p.
Série 'Sociedade & Cultura'

(13) *O desafio historiográfico* (2010)
de José Carlos Reis. 160p.
Série 'História'

(14) *O que a China quer?* (2010)
de G. John Ikenberry, Jeffrey W. Legro, Rosemary Foot e Shaun Breslin. 132p.
Série 'Entenda o Mundo'

(15) *Os índios na História do Brasil* (2010)
de Maria Regina Celestino de Almeida. 164p.
Série 'História'

(16) *O que é o Ministério Público?* (2010)
de Alzira Alves de Abreu. 124p.
Série 'Sociedade & Cultura'

(17) *Campanha permanente: o Brasil e a reforma do Conselho de Segurança das Nações Unidas* (2010)
de João Augusto Costa Vargas 132p.
Série 'Sociedade & Cultura'

(18) *Ensino de história e consciência histórica: implicações didáticas de uma discussão contemporânea,* (2011)
de Luis Fernando Cerri. 138p.
Série 'História'

(19) *Obama e as Américas* (2011)
de Abraham Lowenthal, Laurence Whitehead e Theodore Piccone. 210p.
Série 'Entenda o Mundo'

(20) *Perspectivas macroeconômicas* (2011)
de Paulo Gala. 134p.
Série 'Economia & Gestão'

(21) *A história da China Popular no século XX* (2012)
de Shu Sheng. 204p.
Série 'História'

(22) *Ditaduras contemporâneas* (2013)
de Maurício Santoro. 140p.
Série 'Entenda o Mundo'

(23) *Destinos do turismo – percursos para a sustentabilidade* (2013)
de Helena Araújo Costa. 166p.
Série 'Turismo'

(24) *A construção da Nação Canarinho – uma história institucional da seleção brasileira de futebol, 1914 - 1970* (2013)
de Carlos Eduardo Barbosa Sarmento. 180p.
Série 'História'

(25) *A era das conquistas – América espanhola, séculos XVI e XVII* (2013)
de Ronaldo Raminelli. 180p.
Série 'História'

(26) *As Misericórdias portuguesas – séculos XVI e XVII* (2013)
de Isabel dos Guimarães Sá. 150p.
Série 'História'

(27) *A política dos palcos – teatro no primeiro governo Vargas (1930-1945)* (2013)
de Angélica Ricci Camargo. 150p.
Série 'História'

(28) *A bolsa no bolso – Fundamentos para investimentos em ações* (2013)
de Moises e Ilda Spritzer. 144p.
Série 'Economia & Gestão'